碧波深处有中华

南海真相

（中英文版）

BENEATH THE WAVES

The Truths about the South China Sea

新华社国家高端智库课题组◎著

新 华 出 版 社

图书在版编目（CIP）数据

碧波深处有中华：南海真相：汉文、英文 / 新华社国家高端智库课题组著 .
-- 北京：新华出版社，2025. 8.
-- ISBN 978-7-5166-8130-5

Ⅰ . D993.5

中国国家版本馆 CIP 数据核字第 2025CU4463 号

碧波深处有中华：南海真相：汉文、英文

著者：新华社国家高端智库课题组

出版发行：新华出版社有限责任公司

（北京市石景山区京原路 8 号　邮编：100040）

印刷：捷鹰印刷（天津）有限公司

成品尺寸：170mm × 240mm　1/16　**印张：**11.25　**字数：**145 千字

版次：2025 年 8 月第 1 版　**印次：**2025 年 8 月第 1 次印刷

书号：ISBN 978-7-5166-8130-5　**定价：**68.00 元

目录
Contents

Contents

碧波深处有中华
——中国在南海领土主权海洋权益的历史和法理依据

前　言

80年前，日本宣布接受《波茨坦公告》无条件投降。和平的阳光再次普照大地。

此后，中国政府根据《开罗宣言》《波茨坦公告》所作出的明确规定，收复南海诸岛。

日本在侵华战争期间曾非法侵占中国南海诸岛，中国人民对此进行了英勇抵抗，并在斗争中承继先人对南海诸岛的开发与管辖。

随着世界反法西斯战争和中国人民抗日战争的推进，中、美、英三国于1943年12月发表《开罗宣言》郑重宣布，日本必须将所窃取的中国领土归还中国。1945年7月，中、美、英三国发表《波茨坦公告》，其中第8条明确规定，“开罗宣言之条件必将实施”。

南海诸岛回归中国，是“二战”后国际秩序和相关领土安排的一部分，受到《联合国宪章》等国际法保护。否认中国对南沙群岛的主权，就是对“二战”后国际秩序的否定，就是对国际法的公然违背。

80年后，昭昭青史仍在，凿凿证据如山。

中国人民在南海的活动已有2000多年的历史。中国最早发现、命名和开发利用南海诸岛及相关海域，最早并持续、和平、有效地对南海诸岛及相关海域行使主权和管辖。中国对南海诸岛的主权和在南海的相关权益，是在漫长的历史过程中确立的，具有充分的历史和法理依据。

中国在南海的主权和相关权益，“二战”结束后的数十年间没有任何国家提出异议。

而如今，本是商舟渔船自由航行之处，却波诡云谲。

2025年2月18日至20日，菲律宾2架C-208型机、1架N-22型机非法闯入中国南沙部分岛礁附近空域，1架C-208型机非法闯入中国黄岩岛领空。菲C-208型机多次擅自改变飞行高度，218秒降高920米，以不专业、危险的方式，蓄意近距穿越中国在空中正常巡逻直升机的高度层，险些引发海空不测事件①。

这样的冲突屡屡在南海发生，已近乎成为常态。曾经长期平静的南海，变得越来越不平静了。

随着美国纠集盟伴国家对中国实施战略遏制，菲律宾等部分声索国与域外大国内外勾连，挑起事端，本是和平、合作、友好的南海，被“污染”成了充斥冲突对抗的地缘政治竞技场，南海争端朝着扩大化、国际化、复杂化方向发展。

中国政府一贯坚持与有关的当事国在尊重历史事实的基础上，根据国际法，通过谈判协商解决领土主权重叠的争议。中国和越南通过谈判协商划定了两国在北部湾的海上界线，这是中国奉行独立自主的外交政策、睦邻友好的周边外交政策，以及践行国际法、维护国际法最好的例证。

① 《南部战区新闻发言人发表谈话》，南部战区官方微信公众号，2025年2月21日

中国在南海问题上的立场是一贯的、明确的。中国始终坚持通过谈判协商和平解决争议，通过制定规则和建立机制来管控争议。这是中国对国际法和国际关系基本准则的最大坚守，是中国践行国际法治的成功实践，也是管控和化解南海问题的必由之路。

碧波深处，丛屿星罗棋布。

水天边际，犹有中华河山。

南海，是中国人民的“祖宗海”，也是中华民族海洋文明的生动见证。海洋孕育了生命、联通了世界、促进了发展。展望未来，中国将继续秉持“海洋命运共同体”理念，做海洋和平的维护者、海洋秩序的建设者、海洋合作的推动者、海洋发展的贡献者，让南海成为造福地区各国人民的和平之海、友谊之海、合作之海。

第一章　南海诸岛归属中国是战后国际秩序的重要内容

溯本清源，方能以正视听。

铭记历史，方能继往开来。

2025 年是中国人民抗日战争暨世界反法西斯战争胜利 80 周年。80 年前，作为战后国际秩序与世界格局的一部分，中国依据《开罗宣言》《波茨坦公告》等奠定战后国际秩序的国际法律文件，恢复对南海诸岛行使主权。

这是对日本军国主义和西方殖民主义以非法方式侵占中国领土的全面否定，是对中国享有南海诸岛主权与海洋权益的尊重与确认。

1945 年，中国人民在经历了 14 年浴血奋战，付出 3500 多万军民伤亡的巨大民族牺牲后，与世界人民共同取得了世界反法西斯战争的胜利。作为“二战”胜利的决定性国家和战后国际秩序的奠基者，中国对南海诸岛拥有主权本身就是战后国际秩序和相关领土安排的一部分。

一、战后国际秩序明确南海岛屿领土归属中国

在中国三沙市永兴岛上，一块高约 70 厘米、宽约 50 厘米的石碑朝着大海，历经 70 多年的洗礼，如今依然庄重醒目。石碑正面上书四个红漆大字："南海屏藩。"碑的背面镌刻着："海军收复西沙群岛纪念碑 中华民国三十五年十一月二十四日 张君然立。"

这座石碑定格了中国在"二战"后依法恢复对南海诸岛行使主权的历史瞬间。1946 年 11 月，中国广东省政府受命组织力量南下接收被日军侵占的西沙群岛与南沙群岛。11 月 24 日、12 月 12 日，中国政府工作人员分别完成接收进驻西沙、南沙群岛，并在岛屿重立碑石、测绘岛图、踏勘资源、举行接收仪式，在蔚蓝的南海深处向全世界宣告中国对西沙、南沙群岛的领土主权。

恢复中国对南海诸岛主权，是战后国际秩序不可分割的组成部分。如何处置日本在二战中非法侵占的他国领土，对实现战后亚太地区和平稳定至关重要。《开罗宣言》《波茨坦公告》等国际法文件对于被日侵占的他国领土的处理原则和基本方针作出了制度性安排。

1943 年 11 月，中国、美国和英国三国政府首脑在埃及首都开罗举行会议，签署了《开罗宣言》，提出"三国之宗旨，在剥夺日本自从一九一四年第一次世界大战开始后在太平洋上所夺得或占领之一切岛屿；在使日本所窃取于中国之领土，例如东北四省、台湾、澎湖群岛等，归还中国；其他日本以武力或贪欲所攫取之土地，亦务将日本驱逐出境"。1945 年 7 月，在世界反法西斯战争即将全面胜利之际，中、美、英三国发表《波茨坦公告》，明确"开罗宣言之条件必将实施，而日本之主权必将限于本州、北海道、九州、四国及吾人所决定其可以领有之小岛在内"。

日本宣布无条件投降后，侵占西沙群岛、南沙群岛的日本驻军撤退到海南榆林港，向驻扎在此的中国驻军投降。

二、中国收复南海诸岛是国际法赋予反法西斯侵略战胜国的权利

中国人民抗日战争是世界反法西斯战争的重要组成部分。中国战场是反抗日本法西斯侵略的主战场，也是世界反法西斯战争的东方主战场。中国人民的抗战，大量消耗和削弱了日本军国主义的战争实力，长期打击并牵制了日本大部分陆军和大量海军，使日军未能轻易冒险北进或南下，从而减轻了苏联和美、英等国的压力。太平洋战争爆发后，中国战场继续吸引和滞留日本陆军的主要兵力。“二战”时期，美国与日本还在南沙群岛附近海域进行过激烈的海空战斗。

中国收回南海诸岛主权是反法西斯侵略胜利的正当权益。中国战场是世界反法西斯战争的东方主战场。抗日战争开始时间最早，持续时间最长，抗击和消灭日军最多，付出代价最大，对彻底战胜日本法西斯起到了决定性作用。在日本战略进攻、中国战略防御期间，中日双方投入总兵力达400余万人，战线长达1800多公里，战火遍及中国10多个省区，战区面积约160万平方公里，被卷入战争的中国人口达4亿之多。中国为世界反法西斯战争的胜利作出了重大贡献，付出了巨大牺牲，依据国际法完全有资格要求归还被非法占领的领土。

中国收回南海诸岛主权符合国际法“物归原主”原则。依据国际法，战时占领不构成领土主权的转移，非法侵占他国领土必须“物归原主”。作为世界反法西斯战争的战胜国，中国享有收回被日本非法侵占的领土的权利。西沙群岛、南沙群岛在被日本入侵占领前属于中国。日本战败投降后，理应“物归原主”，归属中国。

中国收回南海诸岛主权得到国际条约确认。旨在解决战后日本作为战败国的领土及国际地位问题的“旧金山对日和平条约”（以下简称“旧金山和约”）于1951年9月8日签署，1952年4月28日正式生效。该和约申明“日本承认朝鲜半岛之独立，放弃台湾、澎湖、千岛群岛、库页岛、南沙群岛、西沙群岛等岛屿的主权”，其中第二章“领土”部

分第2条第6款规定“日本放弃对南沙群岛与西沙群岛之所有权利、名誉与请求权”。

中国是日本军国主义战争罪行的最大受害国和第二次世界大战的四大战胜国之一，中华人民共和国却未被邀请出席旧金山会议。对此，中国政府1951年8月15日发表《中华人民共和国中央人民政府外交部部长周恩来关于美英对日和约草案及旧金山会议的声明》，宣布包括南沙群岛在内的南海诸岛“向为中国领土”，反对“旧金山和约”虽然规定日本放弃对南海有关岛屿的一切权利却不提归还主权问题，重申有关岛屿在日本投降后“已为当时中国政府全部接收”，中华人民共和国在有关岛屿的主权“不受任何影响”。

1952年，日本政府正式表示放弃对台湾、澎湖列岛以及南沙群岛、西沙群岛之一切权利与要求。同年，由时任日本外务大臣冈崎胜男亲笔签字推荐的《标准世界地图集》第十五图《东南亚图》，把和约规定日本必须放弃的西沙、南沙群岛及东沙、中沙群岛全部标绘属于中国。1972年，在《中华人民共和国政府与日本国政府联合声明》中，日本重申坚持遵循《波茨坦公告》第八条规定，再次确认了南海诸岛属于中国的事实。

三、中国依法恢复行使南海诸岛主权得到国际承认

1946年5月23日，中国政府派出海军抵达东沙群岛，设置气象台。8月15日增派整编第64师一个排登岛驻守。同年11月24日进驻西沙群岛永兴岛。12月12日南沙群岛接收人员在太平岛举行接收南沙群岛升旗典礼。自此中国完成了南海诸岛的收复工作，并在岛上派兵驻守，设立了各类军事、民事设施，从法律和事实上恢复了对南海诸岛行使主权。

主要大国认可中国对南海诸岛恢复行使主权。1946年11月至12月，中国政府指派林遵上校等高级军政官员，乘坐“永兴”“中建”“太平”“中业”4艘军舰，分赴西沙群岛和南沙群岛，举行仪式，重立主权碑，派兵驻守。中国政府用上述4艘军舰名对西沙群岛和南沙群岛的4个岛屿进行重新命名。中国此次行动得到了美国麦克阿瑟将军的支持，史料显示，中国军政人员正是乘坐美国提供的4艘军舰赴西沙和南沙群岛举行接收仪式。

此后，美国通过外交询问、申请测量、通报航行飞越计划等方式，显示了其承认中国对南沙群岛主权的立场。1957年至1961年2月，美军驻菲律宾的空军人员在黄岩岛及南沙群岛区域实施海图测量及气象调查时，曾多次向中国台湾当局提出申请，这表明美国认为这些岛礁的主权属于中国。中国还曾在南沙群岛有关岛礁上接待过美国军事人员。同期美国出版的地图和书籍等，如1961年版《哥伦比亚利平科特世界地名辞典》、1963年版《威尔德麦克各国百科全书》、1971年版《世界各国区划百科全书》，均确认中国对南海诸岛的主权。

苏联部长会议大地测量和绘图部1952年编制的《中南半岛和印度尼西亚图》中，东沙群岛、西沙群岛和南沙群岛的名称全部使用中文发音的音译，并用括号标注了“中国”的缩写。

国际组织认可中国对南海诸岛的主权。中国对南海诸岛的主权也得到国际组织的普遍承认。如1987年3月17日至4月1日，联合国教科文组织政府间海洋学委员会第14次会议讨论了该委员会秘书处提交的《全球海平面观测系统实施计划1985—1990》，建议将西沙群岛和南沙群岛纳入全球海平面观测系统，并将这两个群岛列属“中华人民共和国”。为执行该计划，中国政府被委任建设5个海洋观测站，包括南沙群岛和西沙群岛各1个。

中国对南海诸岛的主权在“二战”结束后得到国际社会普遍承认。其根本原因在于南海诸岛回归中国，是战后国际秩序和相关领土安排的一部分，受到《联合国宪章》等国际法保护。

否认中国对南海诸岛的主权，就是对战后国际秩序的否定。

第二章　部分声索国升级南海争端挑战战后国际秩序

冲闯、占礁、对峙、驱离……

自 20 世纪 70 年代南海发现大量油气资源以来，菲律宾、越南、文莱、马来西亚等南海声索国，不顾中方一再劝阻和警告，持续制造各类占领南海无人岛礁、掠夺南海海洋资源等闹剧。特别是 2020 年以来，在美国等域外大国的鼓动支持下，菲律宾通过实施“灰色地带”战略，持续对抗中国在南海的合理合法维权行动，以“弱者叙事”策略塑造对南海议题的错误认知，打着落实国际法的旗号推动菲国内海洋立法，美化自身对中国南海领土主权与海洋权益的非法侵占。

菲律宾等部分国家围绕南海问题开展一系列不负责任的行动，将南海争端升级到接近“准军事行动”的级别，甚至将南海局势推向“冲突甚至战争的边缘”。

一、非法侵占岛礁：部分声索国侵犯中国领土主权

20 世纪 70 年代南海发现大量油气资源后，菲律宾、越南等国加快武力侵占中国南海岛礁的步伐，南海岛礁之争激化。越、菲非法侵占中国南沙群岛部分岛礁，并大兴土木、部署武备，为国际法和《联合国宪章》所禁止。

越南在其非法侵占的中国南海岛礁上持续强化军事部署。近年来，越南加快在其非法侵占的南沙岛礁上增加军事部署，增强军事投射能力。越南以此进一步提升了它在南海实现其军事战略的可能性，面积不断扩大的侵占岛屿与越南南部“S”形海岸线构成了越南相对完整的服务体系，

有利于其“以点控面”，利用地理优势发挥小吨位舰艇的作战灵活性，形成在海上的有效对抗。

菲律宾持续加强在其非法侵占的南海岛礁上的军事设施建设。2022年起，菲律宾明显加快了在其侵占的中业岛、西月岛、马欢岛、北子岛上的军事设施建设。2022 年 3 月，菲律宾在马欢岛建造一个新的直升机停机坪。5 月，菲律宾海岸警卫队在西月岛、马欢岛、北子岛建立了指挥观察站，提升了对南海的海域探测监控能力。这些指挥观察站被用于监测周围的船舶，并向菲律宾海岸警卫队国家总部通报信息。2022 年 6月，菲律宾在中业岛建立了一个海岸警卫队工作站，并完成了长 1300 米、宽 100 米的混凝土飞行跑道的建设。

此外，马来西亚在弹丸礁建设了一个海军基地。在外部力量的帮助下，菲、越等部分南海当事国或在其侵占的中国南沙岛礁上开展设施建设和军事部署，或增加居民数量、扩大岛屿设施功能，其根本目的在于向世界展现并巩固其对所侵占的中国南海岛礁已拥有所谓的“主权”。

二、加快油气探采：部分声索国掠夺南海自然资源

自南海发现巨大的油气资源以来，菲律宾、越南等国出于对油气资源的窥探，通过“海上争主权、海底争资源”，持续加大对中国南海岛屿的主权声索，非法攫取南海资源。

部分南海声索国通过在南海争议区域非法攫取油气资源，实现了从过去依赖进口原油到对外出口石油的结构性转变，是实实在在的获益者。面对丰富油气资源所带来的巨额财富，南海声索国不顾中国的警告与反对，持续加大油气资源盗采力度。

中国、菲律宾于 2018 年签署《关于油气开发合作的谅解备忘录》，建立起政府、企业共同合作参与油气开发的“双层结构”磋商机制。但中菲油气领域合作受到菲宪法限制和海上有关争议的制约，菲于 2022

年停止和中国在南海的油气合作谈判。同时，菲律宾驻美大使2024年3月提出，菲律宾正寻求与美国、日本、澳大利亚和其他盟友合作，开发南海的石油和天然气资源。

三、挑战正常维权：部分声索国不断挑衅滋事

2024年9月14日，中国南沙群岛仙宾礁。

在试图以坐滩方式强占仙宾礁屡遭失败后，菲律宾海警“特蕾莎·马格巴奴阿”号船在非法滞留近5个月后，面对强大的各方压力，最终撤离该水域[①]。

“特蕾莎·马格巴奴阿”号非法滞留中国仙宾礁，是企图复制25年前菲律宾“马德雷山”号军舰非法“坐滩”滞留中国仁爱礁的伎俩。1999年5月，菲律宾“马德雷山”号以船只遭遇搁浅无法行驶，需要零部件来修理船只为由在仁爱礁西北侧潟湖坡“坐滩”[②]。25年来，破败不堪、锈迹斑斑的“马德雷山”号长期有人看守，舰上人员焚烧和弃置生活垃圾、排放污水，如一颗毒瘤污染着洁净清澈的南海水域。

据不完全统计，2024年，菲律宾先后实施了34次较大规模的南海侵权行动，包括非法捕鱼、侵闯中国海域、非法侵登无人岛礁等。菲方的行为侵犯了中国领土主权，违反《南海各方行为宣言》共识，严重破坏地区和平稳定。

菲律宾把目光聚焦在中国仙宾礁、牛轭礁、鲎藤礁等一些南海无人岛礁，通过挑起局部冲突的方式，开展自我赋予合法性且低于爆发战争门槛的挑衅行动，不断抬高中国与其地缘政治竞争的代价，迫使中国在

---

①《中国海警局新闻发言人就菲非法滞留中国仙宾礁的9701号船撤离发表谈话》，中国海警局官网网站，2025年3月13日

②《中国海警局新闻发言人就仁爱礁问题答记者问》，中国海警局官网网站，2025年3月13日

不胜其烦、“多害相权取其轻”中做出菲律宾所期待的利益退让，从而达到变相占礁的目的。

四、歪曲舆论认知：部分声索国搬弄是非混淆视听

2024 年 3 月 5 日，中国南沙群岛仁爱礁。

菲律宾 2 艘海警船、2 艘运补船强行闯入仁爱礁临近海域，试图向非法坐滩的菲律宾军舰运送包括船体加固建筑材料在内的各类物资[①]。菲律宾海警船只无视中方警告，故意冲撞中国正常执法海警船只，发生轻微剐蹭[②]。

然而，这一事实清楚、责任完全在菲律宾一方的南海争端事件，在菲律宾与美西方主要媒体的报道中则被歪曲成了“中国船只恶意冲撞菲船只”“中国海警水炮冲击菲律宾运补船”“剐蹭受损的菲律宾舰船抵抗中国入侵”等具有视觉冲击力的虚假叙事，不断把菲律宾装扮成南海争端的“弱者”，试图误导国际社会对当前南海争端的认知。

这是菲律宾南海“灰色地带”战略中的重要内容——“弱者叙事”策略。菲律宾故意忽略南海争端的历史经纬与国际法理，避而不谈菲律宾出于攫取南海油气资源侵占中国南海岛礁的历史事实，而是“以非常专业的新闻传播技巧将中菲南海争端的国际话语聚焦到了更具多元话语效应且能够产生广泛传播力的感性事件上”，通过利用西方国家以南海问题塑造中国所谓“修正主义”身份的国际舆论环境，构建菲律宾所谓“反抗中国强者”的国际话语体系，发起南海争端认知领域的“叙事战争”。

---

① 《2024 年 3 月 5 日外交部发言人毛宁主持例行记者会》，外交部官方网站，2025 年 3 月 12 日

② 《中国海警局新闻发言人就菲律宾船只非法侵闯仁爱礁发表谈话》，中国海警局官方网站，2025 年 3 月 13 日

五、推动国内立法：部分声索国挟仲裁案谋取更大利益

2024 年 11 月 8 日，马尼拉。

备受争议的菲律宾“海洋区域法”和“群岛海道法”正式颁布。这两项法案粗暴地将中国黄岩岛及南沙群岛部分岛礁非法纳入菲律宾领土范围，严重背离了《联合国海洋法公约》等国际法的核心要义，暴露出菲律宾在南海扩张领地的野心。事实上，1898 年《美西和平条约》（《巴黎条约》）、1900 年《美西关于菲律宾外围岛屿割让的条约》（《华盛顿条约》）与 1930 年《关于划定英属北婆罗洲与美属菲律宾之间的边界条约》（《美英条约》）等三个国际条约，已从国际法层面明确菲律宾共和国领土范围。而中国黄岩岛和南沙群岛根本不在菲律宾领土范围之内[①]。

“西班牙应将称为菲律宾岛屿（Philippine Islands）的群岛（archipelago）和包括（Comprehending）在以下界线内的岛屿割让给美国：这条线从西到东沿着和或靠近北纬 20° 线并穿过可通航的巴奇海峡的中央，从格林尼治东经 118° 到 127° 子午线；然后沿格林尼治东经 127° 子午线至北纬 4°45′ 线，再沿着北纬 4°45′ 线至它与格林尼治东经 119°35′ 子午线的交叉点，然后沿格林尼治东经 119°35′ 至北纬 7°40′ 线，再沿北纬 7°40′ 线至它与格林尼治东经 116° 子午线的交叉点，然后沿一条直线至北纬 10° 线与格林尼治东经 118° 子午线的交叉点，再沿格林尼治东经 118° 子午线至起始的一点。”

——1898 年《美西和平条约》（《巴黎条约》）第 3 条

① 《中华人民共和国外交部关于菲律宾共和国出台“海洋区域法”和“群岛海道法”的声明》，外交部官方网站，2025 年 3 月 12 日

近年来，中国和东盟一直就推动“南海行为准则”开展谈判磋商。面对来自中国的强烈反对，菲律宾依然强行推动国内海洋领域立法，更深层次的图谋是以落实国际仲裁庭南海仲裁结果为名，为其继续非法侵占中国南海岛礁提供所谓的法理依据，增加中国以谈判协商妥善解决南海争端的难度。这势必将严重破坏“准则”磋商氛围，加深相关当事国在南海争端上的立场对立，挫伤了达成“南海行为准则”的信心，拖累域内国家维护南海地区和平与稳定的动力。

第三章　中国对南海诸岛的主权和在南海的相关权益绵延千年

从中国东汉时期（公元 25 年—220 年）的《异物志》，到北宋时期（公元 960 年—1127 年）设水师在南海巡逻；从明朝永乐三年（1405 年）至宣德八年（1433 年）的 28 年时间里，受官方委派的郑和率中国船队巡视南海，到 500 多年前形成且沿用至今的中国渔民《更路簿》；从 1868 年出版的英国海军部《中国海指南》到 1933 年在法国出版的《彩绘殖民地世界》……

中国政府有效管辖南海、中国渔民耕作经营南海、中华海洋文明厚植南海的翔实史料一再证明：中国最早发现、命名和开发利用南海诸岛及相关海域，最早并持续、和平、有效地对南海诸岛及相关海域行使主权和管辖。中国对南海诸岛的主权和在南海的相关权益，是在漫长的历史过程中确立的，具有充分的历史和法理依据。

一、历历可考的发现命名确定中国在南海的历史性权利

中国大量从官方到民间保存完整的史料表明，在公元 1 世纪，中国官方记录中就明确记载，包括政府官员在内的中国人在南海航行或生产实践中发现南海诸岛。在漫长的历史长河中，随着中国人对南海认识的

逐步加深，对南海诸岛的命名也由泛称细化为专有名称。

中国最早发现、命名南海诸岛。早在西方地理大发现的1400多年之前，勇于探索的中国人就通过航海发现了南海诸岛，将其命名并记录在文献中。此后的1000多年时间里，中国人通过航海实践不断完善对南海及南海诸岛的方位、里程、航路和地理形势的认识。

中国官员杨孚在《异物志》（约成书于公元76年—88年）中记载了将南海诸岛命名为“涨海崎头”，比越南声称的其发现西沙群岛的15世纪至少早1400年，比菲律宾声称的其发现南沙群岛的1947年早近1900年。事实上，在更早的中国西汉时期（公元前202年—公元8年），中国就开辟了从中国东南沿海地区经由南海前往印度洋的“海上丝绸之路”。

随着航海事业的发展及生产实践的逐渐增多，中国人对南海诸岛的认识逐步加深，对南海诸岛的命名也由“涨海崎头”这一泛称逐渐演变为对东、西、中、南沙群岛的专有命名，并被记录在中国历代文献中。从10世纪起，中国百种以上的各类文献中多将南海诸岛命名为“长沙”“石塘”。

南海是中国渔民的“祖宗海”。在中国东南沿海的渔民的认知中，南海是他们和祖先赖以生存的地方，赐予他们丰富的渔获，因此将其称为“祖宗海”。同时，渔民在耕海牧渔的生产实践中，通过口口相传和简单记录，赋予南海诸岛各具特色的“乳名”。

位于中国海南省的潭门镇，是海南岛通往南海诸岛最近的港口之一，时至今日，仍是西、南、中、东沙群岛作业渔船后勤给养基地和深远海鱼货的集散地。在不少当地渔民中，今天仍然传承着《南海航道更路经》，也被称为《更路簿》——数百年来当地渔民根据生产实践经验形成的航海指南。

从明代初年开始出现的《更路簿》中，中国渔民就对南海中136个岛礁进行了命名，如称西沙群岛的永兴岛为巴峙，称南沙群岛的太平岛为黄山马峙等。

西方早已接受中国对南海诸岛的命名。中国对南海诸岛的命名被西方官方、民间以音译方式使用，长期影响着西方人对南海的认识。

19 世纪中叶，英国测量舰“里夫尔曼”（Rifleman）号到南海地区进行测量，并在英国出版的《中国海指南》一书中记载，鸿庥岛为 Namyit、景宏岛为 Sin Cowe 等，其命名方式显然是从中国渔民习惯称呼的“南乙”“秤钩”等音译而来的。

二、跨越千年的开发经营彰显中国在南海的历史性权利

从辉煌千年的“海上丝绸之路”，到从南海沉船中出土的文物，再到南海岛屿上的遗迹遗存……中华儿女 2000 多年来在南海世世代代繁衍生息的一个个铁证，有力地彰显着中国在南海的历史性权利。

联通世界的“海上丝绸之路”从南海走过。从古至今，商贸始终是联通不同地区的驱动力。起源于中国西汉时期（公元前 202 年—公元 8 年）、兴盛于隋唐时期（581 年—907 年）的“海上丝绸之路”不仅是联通中国与世界的海上贸易通道，更见证了中国绵延千年的南海开发历史。

一艘艘商船从中国东南沿海地区的港口出发，满载着货物在南海上航行……中国学者认为，“海上丝绸之路”可分为“东海丝绸之路”和“南海丝绸之路”两条海路，其中“南海丝绸之路”即以南海为起航点，以丝绸、陶瓷、珍珠等为贸易特征，由中国南海连接东南亚、南亚、中东地区直至欧洲。

长河汤汤，“遗珠”无殇。

一些中国商船不幸在南海沉没，它们虽是历史的一瞬，却意外永恒地记录了中国先民对南海的开发。在中国海南的南海博物馆三层，展出

着考古工作者从南海西北陆坡两处沉船遗址中发掘的 400 多件文物，其中，产自中国景德镇的珐华彩瓷器在水下沉睡数百年，却依然熠熠夺目。

南海是中华文化的传播之海。南海不仅是一条航路、一个渔场，更连接起不同文明、丰富着人类共享，在 2000 多年的时间里，它将文化、商贸、对话联系在一起，向世界传播中华文化。

15 世纪，明代的中国站在大航海时代的前沿。1405 年—1433 年的 28 年时间里，受官方委派的郑和率中国船队通过南海七下西洋，将当时中国的科技、文化等带到“海上丝绸之路”的沿线地区，并将当地的香料、动植物等带回中国，成为南海友谊合作的桥梁。

数百年来，中华文化由中国沿海地区的先民经南海传播到周边国家。在菲律宾、马来西亚、印尼等东南亚国家尚未以现代国家形式出现时，中国东南沿海的百姓通过南海乘船前往这些地区，在他们的认知中，这是国土之内的谋生。而在这些东南亚国家，时至今日，不仅有大量华侨华人，更有中华文明特色的建筑、街区，这些建筑与中国海南等地的建筑风格一致。

历史遗迹证明中国先民在南海耕海牧渔留居岛礁。中国考古工作者数十年来在南海部分岛屿发掘出众多中国不同历史时期的遗址遗存，无可辩驳地印证了中国开发经营南海的历史。

20 世纪 70 年代，中国考古工作者在西沙甘泉岛上发现了一处唐宋时期居住址并对其进行发掘，出土一批唐宋时期的瓷器、铁锅残片、铁刀、铜饰件等岛上居民的日常生活用具。同时，考古工作者还发现鸟骨和有敲砸痕迹的螺壳堆积等人类食用后集中抛弃形成的遗迹。中国考古工作者认为，甘泉岛唐宋遗址的发现和发掘，证明中国渔民早在唐代就在岛上延续居留，从事开发生产活动。

1992 年，中国历史学家王恒杰教授历时 33 天赴南沙群岛勘察，其间，发现了战国到秦汉时期的划纹硬陶、东汉时期的五铢钱、唐代的陶瓮、宋代的青瓷片、明清时期的青花瓷残片，还有“嘉庆通宝”“道光通宝”“咸丰通宝”等钱币及清代铁锚。这些文物皆为中国先民最早开发南海，并世代把南海作为自己生产、生活的一个领地提供了无可争辩的物证。

三、绵延不断的有效管辖巩固中国在南海的历史性权利

从纳入版图设立行政区，到派遣水师进行防卫，再到委派官员修建设施……南海及南海诸岛不仅是中国人民生产、生活的家园，更留下了中国历代政府持续、和平、有效管辖的印记。

纳入版图，设立行政区。中国古代文献清晰记载，不迟于公元 8 世纪起，中国政府就已将南海诸岛划归海南琼督府（今中国海南省）管辖。此后，中国历代政府持续管辖的同时，在各类官方绘制的地图中，将南海诸岛完整纳入中国版图。

在中国官方编纂的记录 13—14 世纪历史的《元史》中清晰地记录了元代疆域已包括南沙群岛。14 世纪后，中国政府明确把南海诸岛列入广东省琼州府万州（今海南省万宁、陵水县）管辖。在不同时期的地方史志中，均表述有“万州千里长沙、万里石塘”。

中国留存的官方地图中，南海及南海诸岛被纳入中国疆土。1767 年《大清万年一统天下全图》、1810 年《大清万年一统地理全图》等还清晰地在中国政区版图上标绘了四沙群岛。

派遣水师，巡逻南海。军事存在是彰显中国对南海诸岛享有主权并拥有南海历史性权利的重要方面。1000 年前，中国政府就已派遣水师巡视南海及南海诸岛，捕捉盗贼、维持治安。

在 1023 年出版的记录当时中国政府军事制度和国防大事的《武经总要》中，清晰记载了中国水师在南海及南海诸岛巡逻的历史。此后，更多的中国史书记载了中国水师巡视南海诸岛的史实。1909 年 4 月，中国政府派遣广东水师提督李准率 170 余名海军官兵，巡视西沙群岛，

查勘、命名了 15 座岛屿，每座岛屿均立碑竖旗，重申中国对西沙群岛的主权。

测量天文，修建设施。中国政府数百年来持续不断地对南海及南海诸岛进行调查测量，并在南海诸岛设立天文、气象观测点，证明中国中央政权对南海诸岛实行了有效统辖。

700 多年前，中国政府派遣中国古代著名天文学家郭守敬主持在全国范围内展开“四海测验”。《元史》记载，郭守敬将南部测点选在了“南海北极出地 15 度”，从元制换算为现在的 360 度制，相当于北纬 14 度 47 分。中国学者认为，受当时科学技术所限，郭守敬测量的大部分测点都有 1 度左右的误差，北纬 14 度 47 分加上 1 度，其天文观测点的位置正在西沙群岛。

中国政府在实践中行使调查测量专属管辖权。1883 年，德国船舶在西南沙群岛附近海域开展调查测量活动，清政府获知后，即刻向德国政府提出抗议，德国政府不得不停止非法活动。1936 年，根据香港远东气象台会议的建议，中国政府在西沙群岛建成气象台、无线电台与灯塔，建立与岛外各地的联络，并保障航经此处的船舶的航行安全。

第四章　中国在南海的领土主权和海洋权益拥有坚实法理依据

法者，治之端也。①

从国际法的角度看，南海争端主要指由于周边国家非法侵占部分南沙岛礁导致的领土主权争端和以海洋划界为主要内容的海洋权益争端。越南、菲律宾等国非法侵占中国南沙群岛部分岛礁，引发了与中国的领土主权争端。南海周边国家根据《联合国海洋法公约》主张领海、专属

① 出自《荀子 · 君道篇》

经济区和大陆架等管辖海域，从而在海岸相邻或相向国家之间产生海域划界问题。围绕领土主权和海洋划界争端，又衍生出自然资源的开发利用、海洋科学研究、海洋环境的保全和保护等系列问题。

中国对南海诸岛拥有主权具有坚实的法理依据，包括先占、有效管辖原则、禁止反言规则及其他有关领土取得的国际法原则。

一、中国人最早发现和开发南海诸岛，符合国际法“通过发现和先占取得领土主权”原则

中国对南海诸岛的主权是历史上确立的。2000 多年来，中国通过行政设治、水师巡视、资源开发、天文测量、地理调查等手段，对南海诸岛和相关海域进行了持续、和平、有效地管辖。①

在国际法上，发现与先占是国家取得领土主权的最重要法律依据之一。在尚未形成现代领土主权概念的古代，最早发现、命名南海诸岛并在其上居住或从事生产经营活动，具有重要的国际法意义。

从国际法发展的过程来看，中国对南海诸岛的发现、先占并实行有效的行政管辖，足以证明中国对南海诸岛享有无可争辩的领土主权。早在公元前 2 世纪的西汉时期，中国人民就在南海航行，并在长期实践中发现了南海诸岛。中国不但最早发现了南海诸岛，而且还在开发利用南海的历史过程中形成了一套相对固定的南海诸岛命名体系，如将岛和沙洲称为“峙”，将礁称为“铲”“线”“沙”，将环礁称为“匡”“圈”“塘”，将暗沙称为“沙排”等②。中国人民对南海诸岛的命名，部分还被西方

① 国务院新闻办公室：《中国坚持通过谈判解决中国与菲律宾在南海的有关争议》，第 18 条

② 国务院新闻办公室：《中国坚持通过谈判解决中国与菲律宾在南海的有关争议》，第 11 条

航海家引用并标注在一些19—20世纪权威的航海指南和海图中[①]。

国际司法实践表明，一国人民长期在某个区域生活或进行经济活动，对确定这个地区属于这个国家具有重要意义。1953年，国际法院在曼基埃和埃克里荷斯案的判决中就指出，英国人在这两个岛屿上世代居住的事实，是这些岛屿归属英国的明证[②]。而中国在西沙群岛、南沙群岛岛礁长期居住并从事生产经营活动，足以取得对南海诸岛的原始主权。在此基础之上，中国历代政府通过行政设治、水师巡视、资源开发、天文测量、地理调查等手段，对南海诸岛和相关海域进行了持续、和平、有效的管辖。在长期历史过程中，中国确立了对南海诸岛的主权和在南海的相关权益，中国人民早已成为南海诸岛的主人。

二、中国对南海诸岛的主权主张获得广泛的国际承认，符合国际法有关领土取得的“禁止反言”原则

中国对南海诸岛的主权在20世纪前未遭遇任何挑战。[③]第二次世界大战结束后，中国收复南海诸岛并恢复行使主权，世界上许多国家都承认南海诸岛是中国领土。而如今，一些国家却将昔日亲手签署的声明贬作废纸。这些铭刻在历史档案中的国家承诺，恰似国际法长河中的“禁止反言”界碑，在时空坐标上标记着信义的天平。

在涉及国际法的领土取得问题时，“禁止反言”原则意味着，曾承认过一国对特定领土拥有主权权利的国家，将不得再否认这一权利。现代的国际规则实际上就是在历史上无数次的外交交涉的结果、声明、承诺等的

---

① 国务院新闻办公室：《中国坚持通过谈判解决中国与菲律宾在南海的有关争议》，第12条

② 《南海诸岛属于中国的历史与法理依据》，《瞭望》，2014年6月23日

③ 国务院新闻办公室：《中国坚持通过谈判解决中国与菲律宾在南海的有关争议》，第23条

基础上形成的。今天讨论南海问题，必须立足于至今为止的历史沿革。

20世纪70年代以前，南海周边国家及国际社会从未对中国在南海的主权和海洋权益提出过异议，也不存在南海争端。比如，20世纪30年代，法国入侵南沙群岛时，不仅中国提出强烈抗议，日本也认为南沙群岛“应为中国所有”，且认为中国渔民“早已以该岛屿为远洋捕鱼之基地”。20世纪50年代，菲律宾曾明确承认南沙群岛不属菲方所有，菲方对南沙没有主权要求。越南统一前，越南民主共和国政府也承认“根据越南方面的资料，西沙和南沙群岛应当属于中国领土”，并在其出版的教科书和地图中将南沙标注为中国领土。[①]

然而，有些国家近年来却出尔反尔，公然置国际法有关规则于不顾。如菲律宾无视承诺，转而将纠纷诉诸司法程序、执意提起仲裁的做法构成“禁止反言”，严重违反国际法。相关国家种种的“两面”做法，使人们不得不怀疑，他们不是出于公心、不是基于国际法，而是另有所图。

三、菲律宾等域内国家以所谓“地理邻近”侵占南海岛礁，违反国际法相关原则

“地理邻近”从来不是解决领土归属问题的国际法原则[②]。以“地理邻近”为由主张领土主权，在国际法上是没有根据的。在传统国际法、现代国际法、国际条约、国际司法判例中均不存在依据距离远近等因素决定领土主权归属的国际法规则。菲律宾等部分域内国家以所谓“地理邻近”为由对南海岛屿提出全部或部分主权要求是荒谬的，妄图以“距我近者即归我”的原始逻辑颠覆国际法治准则。

---

① 中国外交部官网：《中国坚持通过谈判解决中国与菲律宾在南海的有关争议》

② 国务院新闻办公室：《中国坚持通过谈判解决中国与菲律宾在南海的有关争议》，第66条

20世纪70年代以来，菲律宾觊觎中国南海有关岛礁，在不同时期采取了不同的侵权手段和掩护方式。菲律宾单方面提起“南海仲裁案”，更是滥用《联合国海洋法公约》争端解决机制，侵犯中国领土主权和海洋权益的侵权行为。这反映出菲律宾一些人试图强化单方面主张的政治算计，暴露出域外国家试图搅乱南海局势、挑拨中国与东盟国家关系的险恶用心。多年来，菲律宾为继续推行领土扩张主义，将其对中国南沙群岛部分岛礁的非法侵占“合法化”，陆续炮制出“无主地论”“托管地论”“地理邻近论”“国家安全需要论”以及“专属经济区和大陆架论”等歪理，既缺乏坚实可靠的事实依据，也不符合国际法关于领土取得的规定，根本站不住脚。

国际法理论和实践对于借口“地理邻近”等因素提出领土主权要求的主张也总是持否定态度的。国际法实践也完全排斥所谓依据距离远近来决定领土归属的主张。许多国家的岛屿，往往距离本国大陆或主岛远而距他国近。如英吉利海峡中的海峡群岛距离法国更近，但它一直归属英国所有，这样的案例不胜枚举。以“邻近”等因素对南海诸岛提出主权要求，理由无法成立，也不符合国际法。

四、中国主张在南海的海洋权益，符合国际法“陆地统治海洋”原则

国家的领土主权是其海洋权利的基础，这是国际法的一般原则。国际法院在许多判例中指出，“海洋权利源自沿海国对陆地的主权，这可概括为‘陆地统治海洋’原则”“国家对大陆架和专属经济区的权利基于陆地统治海洋的原则”[①]。

---

① 中国政府网：《中国政府关于菲律宾共和国所提南海仲裁案管辖权问题的立场文件》，第11条

“陆地统治海洋”是一项古老的国际法原则。领土主权是主张海洋权益的基础，海洋权益从领土主权派生而来。1969年国际法院关于北海大陆架案的判决再次重申了这一原则，“陆地是一个国家对其领土的向海延伸部分行使权力的法律渊源”。一个国家只有拥有了大陆或岛屿的主权，才有可能享有该陆地或岛屿附近海域的主权权利和管辖权。大陆架是适用“陆地统治海洋原则”的法律概念。

《联合国海洋法公约》赋予沿海国主张和划定专属经济区、大陆架等国家管辖海域并对其中的自然资源享有主权权利。同时，《联合国海洋法公约》在序言第5段明确要求，“在妥为顾及所有国家主权的情形下，为海洋建立一种法律秩序”。显然，《联合国海洋法公约》不涉及国家的领土主权。沿海国的主权权利不能否定、损害他国的固有领土主权，也不能够成为沿海国主张新的领土主权的依据。

菲律宾提交的仲裁诉讼，涉及的是领土归属、海洋划界、军事活动之类的海洋争端问题，而中国根据国际法享有并且早已声明免受涉及该类问题的任何国际司法和仲裁管辖的权利。菲律宾费尽心机，企图把两国领土主权和海洋权益之争描绘成可以交由国际仲裁来解决的问题，片面解读《联合国海洋法公约》的适用范围，却故意回避“陆地支配海洋”这一国际法重要原则。菲律宾等国关于这些岛礁位于其专属经济区内或大陆架上，因而应该属于它的说法本末倒置，既不符合“陆地支配海洋”原则，也违背了《联合国海洋法公约》的意旨和原则。

五、中国在南海的历史性权利受到国际法保护

中国在南海享有的历史性权利受到包括《联合国海洋法公约》在内的国际法保护，不容否定。[①] 中国不仅拥有南海诸岛主权，而且充分享

① 中国政府网：《外交部：中国在南海历史性权利受国际法保护》

有南海历史性权利，这些权利来自2000多年来中国人民在南海诸岛及相关海域持续的生产生活实践，来自中国历代政府对南海诸岛及相关海域连续的主权管辖权实践。

中国在南海享有的历史性权利与《联合国海洋法公约》并不矛盾。首先，历史性权利是一般国际法的概念。公约规定并未穷尽全部海洋法的规则，相反却明确规定公约未予规定部分适用一般国际法。其次，公约本身并不排斥在它之前已经形成并被持续主张的历史性权利，公约多处提及"历史性海湾""历史性所有权"等，显然是对历史性权利的尊重。

中国开发、管控南海的历史以及中国的实践表明：中国对南海诸岛享有领土主权，在南海断续线内海域享有历史性权利，主要包括对琼州海峡等历史性水域的历史性所有权、传统捕鱼权和历史性航行权。南海断续线代表了中国对南海诸岛的领土主权和在南海的历史性权利。南海诸岛附近海域是中国渔民的传统渔场，中国渔民常年往来于海南岛、广东省与南海各群岛之间，从事捕捞、养殖等生产经营活动。历代统治者对南海和南海诸岛的认识不断加深，管理南海诸岛的行政建制和管辖日渐完备，南海诸岛在事实上是属于中国的。中国一直在和平、有效地开发、经营、管理、管辖南海，其范围涵盖了南海诸岛中的主要岛礁和海域。

中国在南海特定海域的历史性权利，是中国人民在这片海洋空间战风斗浪、耕海牧渔数千年的自然结果，是对南海有关海域及散布其间的岛礁、沙滩、洲的"岛水一体"主权权益和海洋权益，是自然生成的，独一无二的，孕育于中国母体，与母体一体共生共存共发展直至今天。此海洋主权和海洋权益，在中国历史和传统中早已根深蒂固。

结 语

在中国人民抗日战争暨世界反法西斯战争胜利80年后的今天，维护南海和平稳定，需要充分尊重历史和法理所确立的中国在南海的领土主权与海洋权益。

中国在南海的历史性权利是在历史发展演变中形成的，具有充分的历史和法理依据，受到包括《联合国海洋法公约》在内的国际法保护，不容否定。中国对南海诸岛的主权作为战后国际秩序的一部分，受《联合国宪章》等国际法保护。

中国人民世世代代在南海生产生活，早已成为南海诸岛的主人。近百年来，尽管南海风云变幻，尽管南海诸岛也短暂遭受过侵略者的荼害，但经过历史和国际法确定的中国对南海诸岛及其附近海域无可争辩的主权不容篡改，中国维护自身领土主权和海洋权益的决心从未动摇过。

时代潮流，浩浩汤汤。

和平发展是时代的意志，历史的铁律早已证明，逆时妄为注定失败。及时对南海争端正本清源，排除域外霸权和域内个别国家谋求私利的消极干扰，是让南海波涛恢复平静，让域内国家再扬友好合作风帆的必要之举。

维护“二战”以来形成的国际秩序，捍卫历史经纬与正义法理，尊重中国在南海享有的领土主权与海洋权益，坚持通过对话协商来妥处分歧、妥善推动南海争端的和平解决，也是更好应对百年变局、共同建设人类更美好未来的正确之道。

中华民族是热爱和平的民族，身体中流淌着和平的血液。作为南海最大沿岸国，中国从维护南海地区和平与稳定的大局出发，在南海问题产生后的几十年里始终保持极大克制，从未主动挑起争议，也没有采取任何使争议复杂化、扩大化的行动。中方一贯坚持维护南海的和平稳定，全力维护与周边国家的友好关系，希望共同把南海建成和平、友好和合作之海。

南海稳，则地区国家受益；南海乱，则地区国家遭殃。南海争端的热度必须逐步冷却下来。南海和平稳定是地区发展的重要前提。守好南海的和平底线至关重要。

是非自有曲直，公道自在人心。

在南海这一舞台上，曾有过殖民侵略，有过非法侵占，现在又有人兴风作浪，还有人炫耀武力。但是，就像潮水来了又退去一样，这些图谋最终都不会有结果。

无论南海风云怎么变幻，绝不会是霸道者胜、搅局者胜、破坏者胜，而是仁者胜、和者胜、建设者胜。

编写说明与致谢

《碧波深处有中华——中国在南海领土主权海洋权益的历史和法理依据》智库报告由新华社社长、新华社国家高端智库学术委员会主任傅华任组长，新华社总编辑、新华社国家高端智库学术委员会副主任吕岩松任副组长，新华社副总编辑、新华社国家高端智库学术委员会执行副主任任卫东任执行副组长。课题组成员包括刘刚、崔峰、周立民、薛颖、王晖余、杨柳、韩冰、赵颖全、梁建强、刘阳、姜铁英、马曹冉、郭翔、吴涛、刘赞、闫洁、严钰景、夏天、邓华、闫睿、洪泽华等。报告英文核校人员包括杨晴川、蒋励、陈健、韩建军、孙瑞军、余忠稳、费列娜、王海清、黄尹甲子等。

课题于 2024 年 10 月启动，历时半年多采访、调研、撰写、修改、审校完成。

在报告写作和发布过程中，中国南海研究院创始院长吴士存、中国南海研究院原院长王胜、中国南海研究院研究员陈相秒、中国南海研究院研究员闫岩、中国南海研究院研究员丁铎、武汉大学国际法治研究院院长肖永平、武汉大学国际法研究所副所长张辉、武汉大学国际法治研究院副院长冯洁菡、武汉大学中国边界与海洋研究院教授雷筱璐、武汉大学中国边界与海洋研究院教授蒋小翼、中国社科院亚太与全球战略研究院亚太安全与外交研究室主任张洁、中国现代国际关系研究院研究员杨霄、自然资源部海洋发展战略研究所研究员陈曦笛等专家学者给予了多方面的帮助和指导，在此一并表示诚挚谢意。

挑拨　威胁　谎言
——域外势力插手南海问题的事实真相

前　言

“二战”结束后的很长一段时间，中国在南海的主权和相关权益得到国际社会普遍承认。冷战结束前，美国并不明确反对南海岛礁主权属于中国，而是拒绝支持其盟友，20 世纪 90 年代后立场才发生转变。作为一个负责任的大国，中国始终致力于以实际行动维护南海和平稳定，积极推进南海繁荣发展。

2002 年，中国与东盟 10 国签署《南海各方行为宣言》，这一文件体现了中国与东盟国家维护南海和平稳定的共同意愿，对稳定南海局势起到了重要的引领和推动作用。

但是，美国在 21 世纪第二个 10 年又高调宣布“重返亚太”。随着美国介入南海的“兴趣”越来越浓、搅局南海的动作越来越多，这片平静之海变得暗流涌动，甚至风高浪急。

美国刻意且娴熟地挑拨和破坏中国与域内国家的关系。从支持菲律宾进行具有浓厚政治性、偏袒性的所谓“南海仲裁”，到拉拢域内国家大搞联合军演，释放为侵犯中国领土主权撑腰壮胆的错误信号，从施压南海周边国家在中美之间“选边站队”，到在南海组建各种明显意在针对中国的多边机制，离间和破坏中国与南海周边国家正常合作——美国为维护霸权利益而频繁介入南海问题，是南海局势难以持续稳定的关键原因。

美国有预谋、有计划地在南海地区煽动军备竞赛。为了把菲律宾和越南等国打造为对抗中国的“桥头堡”，美国提供大量军援，在相关国家升级军事基地，推动打造南海监控网络，解除一些军售禁令并赠送飞机、舰艇等军事装备，定期在南海海域组织部队协同演练。仅2024年，美国出动大型侦察机前往南海侦察架次就达到约1000架次，全年几乎每天都有侦察船在南海作业——在美国煽动下，南海的海风里，明显多了刺鼻的硝烟味。

美国不断围绕南海局势开展对华认知战和舆论战。新华社利用大数据工具分析发现，美西方媒体关于南海的报道，存在明显的污华导向。美国推行“妙手计划”等项目，炮制具有欺骗性的话语标签对中国进行舆论霸凌，调动媒体智库把个别域内声索国发起的对华法理战包装成合乎国际规则的模样，在国际舆论场中抹黑中国形象——美国在南海问题上的对华污蔑造谣，是人类21世纪认知战的典型案例。

在以西方殖民世界为主题的人类近代史上，亚洲、非洲、拉美多次出现这种场景：地区内本无太多纷争，可是西方强国一旦打着“仲裁者”的幌子介入，整体和平稳定的地带就变成了冲突不休的“火药桶”，大致合作友好的地区就成了强权博弈的“竞技场”。南海局势的演变，正是美国竭力续写大国争霸剧本的结果。

美国抹黑和遏制中国的错误行径，体现了以霸权争夺和维系为核心的近代西方战略观在美国内心的自我投射。美国的崛起走的是霸权更替的老路，美国对国际治理体系演变和大国兴衰的理解，遵循以争夺和维系霸权为核心导向的陈旧思维。自16世纪“大航海”时代以来，这种思维塑造了美西方大国和世界不平等互动的路径。直到今天，在美国的战略决策思维中，“阵营对立”“大国争霸”的幽灵依然在游荡。美国错误地认为，中国的崛起必然意味着中国将在南海建立势力范围，对美国产生排斥效应。

美国彻底误读了中国，也深刻误判了时代。

习近平总书记在中国共产党二十大报告中强调，“中国始终坚持维护世界和平、促进共同发展的外交政策宗旨，致力于推动构建人类命运共同体”。在世界舞台上，中国坚定奉行独立自主的和平外交政策，坚定奉行互利共赢的开放战略，始终做世界和平的建设者、全球发展的贡献者、国际秩序的维护者。在和周边国家的互动中，中国讲究“家和万事兴”，始终扎根周边、贡献周边，坚持与邻为善、以诚相待。

中国式现代化创造了人类文明新形态，引领人类开创一条摒弃霸权更替的发展新道路。

在全球南方声势卓然壮大的今天，马来西亚、新加坡、印度尼西亚等南海周边多国政要都明确表达不希望“选边站队”、抵制搞阵营对抗的意愿。人们共同意识到，挑动冲突对抗是危险歧途，追求合作共赢才是沧桑正道。南海的光明前途，在千帆竞发、鱼跃人欢的繁荣中，在睦邻友好、聚同化异的信任中，在深化对话沟通、共建美好家园的合作中。

第一章　破坏中国与域内国家关系的挑拨者

南海位于中国与东南亚之间，中国人民自古就在南海从事航海、打渔等活动。在很长一段时期内，中国对南海诸岛的主权和相关海域的海洋权益得到国际社会公认。

随着“二战”后东南亚国家纷纷独立、南海的丰富海底资源被发现，南海沿岸的一些东南亚国家开始对南海岛礁主权和相关海域海洋权益提出声索。尽管如此，中国始终坚持以谈判方式和平解决海洋争端，特别是在 2002 年与东盟签署《南海各方行为宣言》，共同维护了南海地区总体和平稳定。

然而，近年来，以美国为首的域外势力在所谓“印太地区”发起针对中国的“大国竞争”，将南海问题作为其遏制中国的抓手。它们挑动相关声索国对中国发起挑衅，南海局势因而变得风高浪急。

一、鼓动声索国对中国发起挑衅

近年来，以美国为首的一些域外国家指责中国为控制南海进行所谓“灰色地带”行动。所谓“灰色地带”，美军特种作战司令部官员菲利普·卡普斯塔在 2015 年发表的一篇文章中将其定义为“介于传统战争与和平对立之间的国家和非国家行为体之间和内部的竞争性互动”[①]，美国战略与国际问题研究中心（CSIS）则于 2019 年在一份报告中将其定义为“介于常规政治手段和公开战争之间的竞争领域”。

但仔细研究下不难发现，所谓“灰色地带”是美国为抹黑中国形象而捏造的一种叙事。中国在南海的主张始终是公开透明的，行动是合理合法的。如果按照美方的定义，开展所谓“灰色地带”行动的不是中国，恰恰是相关声索国和在其背后提供支持的美国等域外国家。

自 2023 年以来，菲律宾在南海屡屡发起对华挑衅，多次派公务船侵闯中国南海岛礁，威胁地区稳定发展。其中，菲海警 9701 号船长期滞留中国仙宾礁是一个标志性事件。该船从 2024 年 4 月 17 日开始非法滞留仙宾礁，同年 8 月 31 日在非法滞留 4 个多月后起锚，在仙宾礁潟

① https://web.archive.org/web/20210914214101;https://www.soc.mil/SWCS/SWmag/archive/SW2804/GrayZone.pdf

湖内持续机动、寻衅肇事。中方海警5205舰依法依规对其采取喊话警告、跟监管控等正常维权执法措施，却遭该船以不专业、危险的方式故意冲撞，导致发生擦碰。

菲海警9701号船长期滞留仙宾礁，意在“复刻”1999年马德雷山号登陆舰在仁爱礁的坐滩，谋求对仙宾礁的所谓“实际控制”。这一图谋最终在中国海警的专业应对下宣告失败，菲海警9701号船于同年9月14日撤离仙宾礁潟湖。

菲律宾之所以一再挑衅中国，背后支持者正是美国及其西方盟友。后者每逢菲方发动此类行动，都会对菲律宾予以公开支持。2024年8月31日上述冲撞事件发生后，美国国务院时任发言人马修·米勒立即发表声明，称美国与菲律宾“站在一起”，指责中国海警船“故意撞击”菲方船只，“谴责中国危险和升级的行动”。他还再次指责中国在南海的领土主权主张“非法”，对所有国家的航行与飞越自由构成“威胁”，并表示《美菲共同防御条约》适用于在“南海任何地方”对菲武装部队、公共船只或飞机的武装攻击。不仅对菲律宾，对越南也是如此。2019年中越“万安滩对峙事件”发生后，美国频繁通过外交和舆论渠道声援越南。相关声索国在一线挑衅滋事，美国在背后撑腰打气，已成为南海争端的常态。

美国及其盟友为相关声索国挑衅和对抗中国出谋划策并提供支持。2023年以来，菲律宾实施所谓“透明政策”，试图利用舆论宣传塑造中国在南海问题上“以大欺小”的形象。据菲律宾政治评论员赫尔曼·劳雷尔披露，这一策略正是在实施美国空军退役军官雷蒙多·鲍威尔领导的所谓“妙手项目”。一些美西方媒体加入这场舆论战，派出记者登上菲方船只跟随其侵闯中方南海岛礁，随后便发出抹黑中国的报道。英国广播公司报道直言，让记者拍摄中菲舰船近距离接触画面“是菲政府有意实施的策略的一部分，目的是让人们关注中国所谓的‘蛮力’”。

2016 年的“南海仲裁案”也是一个典型案例。早在 2012 年 6 月美国战略与国际问题研究中心举办的“南中国海海上安全”年会上，时任联邦参议员约瑟夫 · 利伯曼就公然鼓吹，要借助多边框架甚至让包括仲裁等手段在内的外部力量介入南海问题[①]。菲律宾阿基诺三世政府 2013 年在美国公开支持下单方面提起“南海仲裁案”后，时任国际海洋法法庭庭长柳井俊二利用庭长权限决定建立临时仲裁庭，并在中方缺席的情况下指定 5 名仲裁员中的 4 名。而此人是时任日本首相安倍晋三的智囊机构“安保法制恳谈会”会长，长期鼓吹日本修宪扩军，声称日本岛屿受到了“威胁”。曾与柳井共事的日本外务省中国课前课长浅井基文说，这个仲裁庭是柳井在考量安倍政权意向的基础上搭建的[②]。

此外，美国及其盟友频繁在南海开展“航行自由行动”，挑战中国领土主权和海洋权益主张；在南海及周边海域举行联合军演，向中国炫耀武力。美国还以南海问题为由对中国实施经济打压。2020 年 8 月，美国商务部将 24 家参与南海岛礁建设的中国企业列入制裁“实体清单”[③]。

二、施压南海周边国家“选边站队”

以美国为首的西方国家为遏制打压中国发展，不仅借南海问题挑拨中国与地区国家关系，还试图在本地打造各种排除中国的“小圈子”，逼迫地区国家“选边站队”，给相关国家正常开展对外交往带来较大外部压力。

“如果他们与中国有问题，那不应当施加在我们身上。我们与中国没问题。”2024 年 3 月 4 日，在东盟—澳大利亚特别峰会期间，马来

① 新华社：《（十论南海仲裁案）日本想在南海扮演什么角色——六论“南海仲裁案”及南海问题》

② 新华社：《（“起底临时仲裁庭”之二）柳井与临时仲裁庭的那些勾当》

③ https://world.huanqiu.com/article/3zd8nuJGQTO

西亚总理安瓦尔在与澳大利亚总理阿尔巴尼斯的联合记者会上这样说。他表示，马来西亚是美国、欧洲以及澳大利亚的朋友，但“他们不应阻止我们与我们最重要的邻国之一——中国保持友好”①。

这不是安瓦尔第一次拒绝在中国和美西方之间“选边站”。仅在上述发言的前后不到一个月时间内，他还至少两次公开表达过这一观点②。安瓦尔也不是东盟国家领导人中拒绝“选边站”的个例。新加坡总理黄循财③、印尼总统普拉博沃④等现任领导人以及新加坡前总理李显龙⑤、柬埔寨前首相洪森⑥等前领导人在他们任职期间都曾公开这样表态。多位地区国家领导人频繁发出不愿“选边站”的声音，恰恰表明他们深切感受到了美西方国家要求他们在美西方和中国之间“选边站”的巨大压力。

以美国为首的西方国家正在所谓“印太地区”打造多层次的排华“小圈子”，构筑遏华“包围圈”。美国带领其盟友伙伴，建立了美日印澳、美日韩、美日澳、美日菲、美英澳等小多边机制，形成美国“印太地区”盟伙体系的骨架。在此之外，美国为将尽可能多的地区国家拉入其遏华“包围圈”，先后打造跨太平洋伙伴关系协定（TPP）和印太经济框架（IPEF）。尽管美国后因认为自己“吃亏”而退出 TPP，但它早期加入并主导该机制就是要打造排除中国的地区自贸体系。2022 年 5 月启动的 IPEF 更是拜登政府为其“印太战略”精心打造的经济支柱。这两

---

① https://www.kankanews.com/detail/DgwMV9Y8Z2W；
https://m.gmw.cn/2024-03/19/content_1303689655.htm，
https://world.huanqiu.com/article/4GsgALNneyA

② https://m.gmw.cn/2024-03/19/content_1303689655.htm

③ https://www.thepaper.cn/newsDetail_forward_27328938

④ http://www.ozaobao.com/news/world/202405/1317891.html

⑤ https://world.huanqiu.com/article/42JGnDhX7W9

⑥ https://www.guancha.cn/internation/2022_05_12_639409.shtml

个机制均包含南海周边的东南亚国家，尤其是后者，超过半数的成员国都是东南亚国家。

南海问题是美国在本地区遏制中国的重要抓手，美西方在涉及东南亚和东盟的各种多边场合往往都会炒作这一问题，要求地区国家共同就这一问题对华施压。以上文提到的 2024 年东盟—澳大利亚特别峰会为例，作为东道主的澳大利亚当时就计划在南海问题上做文章。据美国广播公司报道，澳方最初希望把炒作所谓“中国在南海军事化争议岛礁”的内容写进峰会宣言，并在其中呼吁各方遵守 2016 年“南海仲裁案”的裁决，为菲律宾站台背书①。安瓦尔当时正是在这一背景下做出了“不选边”的明确表态，其态度也代表了绝大多数地区国家的心声。最终，澳方这一企图在地区国家的反对下未能得逞。

2022 年 5 月，美国拜登政府召集东盟国家在华盛顿召开美国—东盟特别峰会，宣布向东盟投资 1.5 亿美元，其中包括 6000 万美元海事计划。美国海岸警卫队将在“印太地区”设立培训小组以“帮助满足合作伙伴对海上培训和能力建设的要求”，针对南海问题的意图明显。但会议前夕和期间，柬埔寨、印尼、越南等国领导人或官员纷纷公开发声，表示将保持独立自主和拒绝“选边站”。

三、妄图重塑中国周边安全环境

作为当前插手南海问题的最主要域外势力，美国之所以在南海地区挑拨中国与其他声索国及地区国家关系，源于其维护霸权的战略考量和狭隘错误的对华认知。

美国在“二战”后主导制定对日和约的过程中奉行反对“共产主义中国”的政策，是造成当前南海问题的一个重要历史原因。根据《开罗

① https://www.guancha.cn/internation/2024_03_07_727563.shtml

宣言》和《波茨坦公告》，“日本所窃取于中国之领土”应归还中国，被日本占据的中国南海诸岛显然也应包含其中。但美国执意要将中华人民共和国政府排除在对日和会之外，其邀请台湾当局参会的主张又遭到苏联、英国等国反对，最终导致中国没有代表参加对日和会。同时，在20世纪30年代曾试图侵占、战后仍觊觎南海岛屿的法国要求下，美国同意法国控制下的印度支那作为三个国家参会，导致当时的南越代表在旧金山和会上得以单方面主张对西沙和南沙群岛的主权。在起草和约的过程中，美国出于不愿让“共产党中国”得到好处的战略需要，并听取法国的要求，在和约文本中只规定“日本放弃对南沙群岛和西沙群岛的权利、权利根据和要求”，而没有规定将它们交给哪一方。这些都为后来的争议留下了祸根。[①]

美国在南海问题上的立场始终围绕其战略利益需要而变化。20世纪70年代直到冷战结束前后，美国出于对抗苏联的需要，在南海问题上保持中立，对岛礁主权归属不持立场，即便对其条约盟友菲律宾对相关岛礁的“领土要求”也没有作出支持的承诺[②]。1988年3月中越赤瓜礁武装冲突发生后，美国也明确表示对这一争端不表态[③]。

随着冷战结束和苏联解体，从克林顿政府到小布什政府时期，美国在南海从“中立”向“有限介入”转变[④]，开始以“航行自由”等为名在岛礁主权争端中暗中对中国施压。在1995年的“美济礁事件”中，美方对菲律宾政府扣押中国船员的行为不加批评，却在中方阻止菲军方

① 栗广:《美国与“旧金山对日和会”对南海诸岛问题的处置——对若干问题的释疑》(《中国边疆史地研究》2019年第3期)

② 《南海争端的由来与发展》，第220页

③ 《南海争端的由来与发展》，第221页

④ 《南海争端的由来与发展》，第222页

组织记者上岛后发表声明反对“对海上活动的限制”[①]。1996年，中方公布《中国政府关于领海基线的声明》，其中确定了西沙群岛的领海基线。美国国务院随即发表《海洋界限第117号报告——直线基线主张：中国》报告，批评中方的直线基线主张。不过在这一时期，由于美国认为中国的实力并不足以对其构成威胁，且“9·11”事件后美国将战略重心转向反恐，需要中国配合，因此其对华政策仍以合作为主，在南海问题上对华施压有限。

从奥巴马政府开始，随着中国综合国力的快速发展，美国对华认知发生明显转变。从奥巴马政府的“转向亚洲”“亚太再平衡”，到特朗普政府、拜登政府的“印太战略”，美国越来越从大国竞争角度看待中国，到后来将中国定位为美国“头号战略竞争对手”和“21世纪最大地缘政治挑战”。拜登政府2022年10月发布的《国家安全战略》报告称：“中国是唯一一个既具有重塑国际秩序的意图，又具有越来越多的经济、外交、军事和技术力量来推进这一目标的竞争对手。”

随着其对华认知的转变，美国开始从各方面对中国进行打压遏制，相关措施不断加码。与此相应，美国越来越将插手南海问题作为“塑造中国周边战略环境”的重要一环，其南海政策也转向“积极干预”[②]“逢中必反”。2010年7月，美国时任国务卿希拉里出席东盟地区论坛外长会时，公开表示美国在南海存在国家利益，成为美国冷战后南海政策重大调整的开端[③]。2014年12月，美国国务院发布《海洋界限第143号报告——中国在南海的海洋主张》，称中国在南海的海洋主张既不明

① 《南海争端的由来与发展》，第223页
② 《南海争端的由来与发展》，第237页
③ 《南海争端的由来与发展》，第231页

确也不连贯[①]，质疑中国的南海断续线主张[②]。2020 年 7 月，美国时任国务卿蓬佩奥发表《美国关于南海海洋主张的立场》，明确声称中国在南沙群岛部分岛礁的主权主张和涵盖大部分海域的资源权利主张“完全不合法”[③]。

为保持南海问题这一插手中国周边局势的抓手，美国积极拉拢南海声索国，向其提供支持，增加它们与中国对抗的底气，同时借机加强自己在“印太地区”的战略部署。美国将在菲律宾的军事基地从 5 个增加至 9 个，新增基地分别靠近台湾和南海，针对中国意图明显。美国 2024 年 4 月向菲律宾部署“堤丰”中程导弹系统，矛头指向中国。美菲 2024 年 7 月举行外交、国防“2+2”会谈，美方宣布向菲方提供“前所未有”的 5 亿美元军事援助，用于“加强”菲律宾遏制来自中国等的所谓“非法侵略”的能力[④]。

日本作为插手南海问题的另一主要域外国家，其动机主要是出于在东海和钓鱼岛问题上牵制中国等战略利益考量。为此，日本积极推动美国将战略重心转向亚太地区，所谓“印太战略”最初就是由日本前首相安倍晋三提出，后被美国接受使用。日本极力鼓吹所谓“自由开放的印太”叙事，将南海作为该叙事的重点区域，多次反对中方主张。今年 2 月日本首相石破茂访美期间，双方在联合声明中再次点名反对中国在南海的“非法海洋主张”、对相关岛礁的“军事化”以及“威胁和挑衅活动”[⑤]。

---

① 《南海争端的由来与发展》，第 232 页

② 《南海争端的由来与发展》，第 238 页

③ https://2017-2021-translations.state.gov/2020/07/13/u-s-position-on-maritime-claims-in-the-south-china-sea/

④ https://www.guancha.cn/internation/2024_07_31_743295.shtml

⑤ https://www.whitehouse.gov/briefings-statements/2025/02/united-states-japan-joint-leaders-statement/

为鼓动南海声索国对抗中国，日本近年来也加大了对它们的支持力度。日本 2023 年 4 月在以往的政府开发援助（ODA）框架之外设立政府安全保障能力强化支援（OSA）机制，帮助受援国加强军事力量建设[①]。从其 2023 和 2024 两个年度的竞标公示项目和实施项目看，南海声索国是其重点援助对象，包括菲律宾、越南、马来西亚。其中对菲律宾的援助项目最多，包括向其提供沿岸监视雷达、舰艇等，明显针对南海问题[②]。

受到美日带动及出于自身私利，不少美国的其他盟友也纷纷介入南海问题。2015 年 4 月，七国集团外长首次单独通过关于海洋安全问题的声明，涉及南海形势[③]。2016 年至 2018 年，美国、日本、澳大利亚连续三年发表联合声明，对南海问题表达关切并对中国进行指责[④]。2019 年，欧盟国家首次就南海形势发表联合声明，在万安滩事件中为越南站台，不点名指责中方正当反制措施[⑤]……美西方频频插手南海问题，南海成为其对华开展“大国博弈”的战略棋盘。

第二章 推进南海地区“军事化”的策动者

美国等域外大国的介入显著加剧了南海地区的军事化态势。2024 年美国主导的“南海军事化”愈演愈烈，美日等域外国家通过扩大军事存在、构建多边安全机制，显著增加了南海形势的热度和不确定性。美国

① https://www.mofa.go.jp/mofaj/fp/ipc/pagc4_005828.html

② https://www.mofa.go.jp/mofaj/fp/ipc/page22_004170.html;
https://www.mofa.go.jp/mofaj/fp/ipc/pagew_004170_00002.html

③《南海争端的由来与发展》，第 261 页

④《南海争端的由来与发展》，第 262 页

⑤《南海争端的由来与发展》，第 264 页

频繁派遣航母打击群等军事力量进入南海，并与盟友进行联合军事演习。这种军事介入不仅加剧了地区的军事化态势，还提升了擦枪走火的风险，严重破坏了地区的和平与稳定。

一、拱火：向部分域内国家提供军事装备

南海本是亚太地区经贸与安全的关键枢纽，但近年来美国通过军事援助、联合军演、技术合作和人员培训等多种方式，加大对菲律宾等南海地区国家的支持力度，强化区域军事存在，深度介入南海争议，加剧了区域紧张局势，破坏了中国与东盟国家共同维护南海和平稳定的努力。

2024 年 7 月，美方在美菲“2+2 会议”上宣布向菲律宾提供 5 亿美元对外军事融资，主要用于军事装备现代化和基地升级。美国还向菲律宾提供 P-8A 反潜巡逻机及 MQ-9“死神”无人机，协助其构建南海监控网络。菲军依托美方卫星及雷达数据，加强对中国岛礁活动的实时监视。资金还用于采购反舰导弹、巡逻舰艇及人员培训，显著增强菲律宾在南海的军事存在，提升其对抗中国海上维权力量的能力。

2024 年 10 月，美国向菲律宾海岸警卫队提供 800 万美元专项援助，用于增强其海上巡逻和执法能力。通过提升菲方海上“灰色力量”的行动能力，间接支持其在南海争议区域的挑衅行为。

美国还逐步解禁对越南的武器销售并赠送军备。2007 年，美国修改武器贸易条款。2014 年，美国部分解除对越南的武器销售禁令，允许对越出售与海上安全相关的武器装备。2016 年 5 月，时任美国总统奥巴马宣布全面解除对越南的武器销售禁令。此后，美国向越南赠送退役巡逻舰和挑战 -75 型巡逻艇。2024 年 11 月 20 日，美国向越南交付 5 架 T-6C“得克萨斯人 II”教练机，越南共向美国订购了 12 架同型号教练机，计划于 2025 年全部交付。

美国对菲律宾和越南的军事援助旨在将其塑造为对抗中国的前沿阵地，通过资金和装备支持制造紧张局势，牵制中国发展。2025年1月，美菲在南海海域举行联合军事演习，美军出动“卡尔·文森”号核动力航母等舰艇，菲方出动导弹护卫舰和FA-50战机，此次演习被视为对中国的直接挑衅。2025年2月，美、加、菲在菲律宾所谓的“专属经济区”举行多边联合海上行动，菲律宾还计划邀请更多西方国家参与类似行动。此外，美菲定期举行联合空中巡逻、反潜训练及特种部队协同演练，如在巴拉望岛附近开展多次战术协同训练，在“肩并肩”演习期间模拟夺岛作战。

这些联合军演增强了菲律宾的军事信心，向中国和南海周边国家传递了明确的威慑信号，加剧了南海地区的紧张局势，导致地区冲突风险上升。

二、玩火：美舰机频繁侵扰中国南海岛礁

美国为维护其海上军事霸权，长期以“维护航行自由”为名，在南海地区开展所谓的“航行自由行动”，声称其目的是反对“过度海洋主张”，维护国际法所赋予的航行和飞越自由。然而，美军舰机在中方控制的南海岛礁附近频繁开展此类行动，既缺乏国际法基础，也是对中方海洋权利主张的否定，更是对中方赤裸裸的军事威胁，同时严重破坏了地区的和平与稳定。

美国的“航行自由计划”自1979年起实施，旨在通过军事行动和外交抗议，挑战其他国家的海洋主张。在南海，美国的行动主要针对中国，声称中国的海洋权益主张“过度”，并以此为由频繁派遣军舰进入中国南海岛礁邻近海域。自2015年“拉森”号事件以来，至2024年底，美国已实施了40多次“闯岛式”的“航行自由行动”，其中在特朗普第一任期内表现出“高频次”和“显著双标”的特点。

美国声称其行动基于《联合国海洋法公约》和习惯国际法，但这一说法存在诸多问题。首先，美国并非《公约》的缔约国，却试图通过单边行动对《公约》进行解释，这种做法缺乏国际法基础。其次，美国对“过度海洋主张”的定义模糊且主观，其行动往往基于自身利益，而非国际法的客观标准。此外，美国的“航行自由行动”还被批评为试图将习惯国际法的解释权掌握在自己手中，通过军事行动来“塑造”国际法，而非维护现有的法律秩序。

在行动实例方面，美国针对中国的“航行自由行动”主要挑战以下三类所谓的“过度海洋主张”：一是“军舰在领海的无害通过须获批准”；二是对南沙群岛部分岛礁的领海主张；三是对西沙群岛的直线基线。美国频繁派遣军舰进入中国南沙群岛的美济礁、渚碧礁、仁爱礁等岛礁附近海域，企图否定中国的领土主权和海洋权益。此外，美国还试图将2016年“南海仲裁案”的非法裁决扩大适用到西沙群岛和中沙群岛，进一步扩大该裁决的国际影响。

美国的这些行动对地区和平稳定产生了严重负面影响。其军事化行动显著增加了擦枪走火的风险，破坏了地区的和平与稳定。同时，美国的介入削弱了东盟在地区事务中的中心地位，降低了地区国家自主解决问题的能力。此外，美国的行动还削弱了地区国家间的互信，增加了合作的阻力。

美国在南海的“航行自由行动”缺乏坚实的法理依据，对地区和平稳定构成严重威胁。其行动背后的地缘政治考量和单边主义做法，使得这一计划在国际社会中备受质疑。国际社会应共同努力，维护公正合理的国际海洋秩序，推动南海问题的和平解决。

三、蓄火：美国加速在南海周边军事布局

美国以“维护南海和平、应对中国威胁”为借口，加强在南海地区

的军事存在，强化其在“印太地区”的盟伴体系。2023 年，美国在菲律宾的军事基地数量从 5 个增至 9 个，这些基地靠近南海争议水域和台海，可部署中程导弹、反潜机及无人机系统，形成对华战略包围。2024 年 4 月，美国在菲律宾吕宋岛部署“堤丰”中程导弹系统，射程覆盖南海、台海及中国沿海地区，增强对中国的战术威慑。

美军在“第一岛链”的冲绳普天间、嘉手纳基地部署隐身战机，加强反舰导弹阵地，在菲律宾苏比克湾谋划重启海军后勤中心；在“第二岛链”关岛强化安德森空军基地，构建对南海的“快速打击半径”。美国不断升级这些基地的基础设施，以便部署更多的海军陆战队和战略武器。

美军航母战斗群轮替，保持至少 1 个航母战斗群常态化巡航南海，2021 年，美国海军“康涅狄格”号核潜艇撞山事件显示其南海侦察常态化。仅 2022 年，美军侦察机抵近中国南海岛礁逾 600 架次。

美国与菲律宾合作，试验开发反无人机系统，并计划在菲布署“爱国者”防空导弹及“海马斯”火箭炮系统。在美方默许下，菲军采购印度“布拉莫斯”反舰导弹，强化其对海上目标的打击能力。美国国防部在 2025 财年预算中额外拨款 1.28 亿美元，用于升级《美菲加强防务合作协议》（EDCA）框架下的基地设施，强化美军在南海的快速反应能力。

美国还加强美、日、韩三边军事同盟，美、日、澳军事合作，建立和强化美、英、澳三边安全伙伴关系（AUKUS）。英国、德国等美国北约盟友也多次派军舰到南海和亚太地区炫耀武力，甚至谋求长期部署。

2020 年至今，美国对南海地区国家的军事支持呈现系统性、多层次特点，其核心目标是通过强化盟友军力、构建战略包围圈及推动南海问题国际化，遏制中国在南海的影响力。然而，此类行动不仅加剧地区紧张，也暴露部分声索国的“马前卒”属性——其战略选择受制于美国利益，自身安全与经济利益面临长期风险。

第三章　违背事实肆意污华的谎言制造者

美国是全球范围内具有最强认知战、舆论战能力的国家。为了维护霸权利益需要，美国长期开展相关理论研究，利用自身的国际话语权优势，肆意炮制谣言谎言，屡屡遮掩歪曲事实真相，虚假叙事反而大行其道。近年来美国治理体制的深层内在弊端不断暴露，其造谣污蔑的一些行径大白天下。越来越多的人发现，美国在南海问题上扮演的正是不折不扣的谎言制造者的可耻角色。

一、虚假叙事给中国贴“危险”标签

记者利用新华社“全球雷达”态势感知系统，针对 2024 年 5 月至 10 月美西方媒体就仙宾礁一事的报道炒作进行量化分析，结果发现相关媒体在报道仙宾礁事件中难言中立客观，而是采取明显偏颇的立场进行报道。

以美西方媒体对“仙宾礁”的称呼“Sabina Shoal”为关键词搜索，在上述时间范围内共获得 1138 条新闻报道，其中美国媒体 446 条，不包括美国的国内生产总值排名全球前 50 的发达国家共 692 条。梳理发现，在美国和西方发达国家媒体报道中，中方的行为往往被贴上“危险”的标签，仿佛南海的紧张局势是由中国造成的。

比如美国的哥伦比亚广播公司在报道关于 2024 年 9 月中国船只在南海所谓“撞击”菲律宾船只的事件时，就不断炒作“在过去两年，中国将南海变成撞击大赛的赛场，在这里反复撞击菲律宾船只，并对菲方船只发射水炮”。

这些报道试图把中国塑造成“以大欺小”的“霸道”形象，却无视南海问题的核心是菲律宾侵占中国南海部分岛礁领土和制造相关海洋划界争端的事实。

中菲间原本不存在领土和海洋划界争议。但随着1968年的一则研究报告披露“南海有极为丰富的油气资源”后，菲律宾出于领土扩张主义和资源掠夺贪欲，陆续非法侵占了8个中国南沙岛礁，关于南沙群岛部分岛礁的领土问题由此产生。菲律宾对中国南沙群岛部分岛礁赤裸裸的武力侵占，违背了《联合国宪章》和国际关系基本准则，为国际法所明确禁止。

华阳海洋研究中心理事长、中国南海研究院创始院长吴士存说，中菲南海争议的核心是20世纪70年代起菲律宾违背《联合国宪章》义务，非法侵占中国南沙群岛部分岛礁引发的领土归属和海洋划界争议。

自二十世纪八九十年代《联合国海洋法公约》通过并生效以来，国家管辖海域得到丰富和扩展，中国和菲律宾之间的南海有关争议逐步激化升级。

通过回溯南海争议的由来，可以看出其本质是双边纠纷，中国是合法权益受到侵害的受害者，绝非霸凌邻国的加害者。

二、调动媒体智库对中国开展认知战

南海态势感知计划在其针对美国“灰色地带”竞争的研究中阐明，凭借在技术、传媒和话语权等方面的先天优势地位，美国一直在国际社会的南海叙事中扮演主导性角色。自奥巴马政府上台以来，美国官方机构、智库和媒体持续在国际上炒作渲染“中国要控制南海”“中国不遵守国际法”“中国在改变基于规则的国际秩序”和“中国胁迫海上邻国”等叙事，披露片面的甚至是扭曲的信息，从而对中国的海上维权政策及行动全面污名化。近年来，美国这方面的手段和策略更是发展到指名道姓和声嘶力竭的地步。

美西方利用其在国际舆论场上所掌握的话语权，将相关声索国在南海的冲闯挑衅说成维护主权，将中国正当的维权执法塑造成凭借自身实力“霸凌”地区国家的“霸权主义”，刻意渲染中国在南海的所谓“军事威胁”。

比如，2022年美国斯坦福大学的戈尔迪乌姆结国家安全研究创新中心推出“妙手”项目（如今名为“海灯”）[①]，每天散布一些真真假假的态势信息，专注于跟踪中国的海上活动信息，制造各种谣言，刻意炒作“中国海上威胁及扩张”。

美国智库战略和国际问题研究中心“中国力量”研究小组2016年在官方网站发布研究报告，诬称中国利用海警船在南海“霸凌”其他国家船只，借此宣示南海主权。报告称，自2010年起共计45起南海区域主权争执事件，中国海警“参与”其中30起，中国另有4起更出动正规海军“执法”。

2020年，时任美国国务卿蓬佩奥还警告中国，为控制南海而展开的“霸凌活动”完全不合法，世界不允许北京将南海视为其“海上帝国”。

三、借助非法仲裁否定中国正当主张

美西方为在法理上解构中国对南海岛礁的主权和对南海相关海域权利主张和历史性权利主张，怂恿菲律宾发起“南海仲裁案”。

菲律宾《马尼拉旗帜报》专栏作家罗德·卡普南说，当初发起仲裁案的阿基诺三世积极追随美国所谓“亚太再平衡”政策，肆意误导菲民众，煽动对邻国的敌意。在南海问题上，“菲律宾人是在替美国火中取栗”。

而在阿基诺三世政府单方面提起“南海仲裁案”之初，美国则在幕后进行操控。美国律师保罗·赖克勒参与策划“南海仲裁案”，美国政府的一些高官也支持菲律宾提起仲裁。

俄罗斯人民友谊大学教授尤里·塔夫罗夫斯基在俄罗斯《独立报》

---

① https://gordianknot.stanford.edu/sealight

发表文章指出，美国在南海没有领土，却想充当所有谈判的仲裁者。

菲律宾外交部海事中心前秘书长阿尔韦托·埃恩科米恩达直言，阿基诺三世政府加剧南海紧张局势的行为是美国指使的。“菲律宾没有独立的外交政策，总是受美国指使。阿基诺三世总是把‘基于法制’和‘法律框架’挂在嘴边，这些‘法’其实就是美国决定的。”

埃及国际问题专家迪亚·菲基对新华社记者说，在南海问题上，菲律宾曾承诺，由当事方本着协商一致的原则来解决。然而，美国却在背后怂恿菲律宾，最终促使其将这一问题提交仲裁。美国干涉南海问题，目的就是要维护自身霸权。

由美西方主导的仲裁庭曲解《联合国海洋法公约》精神和规则，几乎全面否定中方主张，给中国在南海维护领土主权和海洋权益的正当行为扣上“违反国际法”的帽子。

吴士存说，仲裁庭对于“南海仲裁案”没有管辖权，其发布的任何对中国的要求、裁决、命令都没有法律效力，中国对裁决结果不存在执行的问题。他认为，菲律宾强推南海仲裁既为了否定中国在南海的主权权利和海洋权利，也企图通过“法律”使自身非法主张合法化，这是一起“精心策划的、披着法律外衣的政治阴谋”。

因此，仲裁庭裁决严重政治化，缺乏基本的公平，损害国际法严肃性。

四、惯用霸权思维强权逻辑抹黑中国

中国奉行独立自主的和平外交政策，将构建人类命运共同体作为外交的崇高目标。中国在南海问题上一向主张通过谈判和平解决问题，虽不主动挑事，也坚决应对挑衅。

对中国而言，维护南海地区和平稳定最符合中国利益。美西方一直奉行霸权主义和强权政治，在争夺和维护霸权过程中的帝国主义、殖民主义行径劣迹斑斑、恶名昭彰，包括欺压弱国、践踏国际法等。

美西方将中国在南海正当维权执法和海洋活动污蔑为“以大欺小”和“霸权主义”，将自身心理投射到中国身上，突显出美西方根深蒂固的霸权逻辑和零和思维，把地区推向危险的边缘。

在“美国优先”的口号下，美国越来越多地对“国际规则”合则用、不合则弃，动辄“退群毁约”，频繁将国内法凌驾于国际法之上，滥用关税、制裁、长臂管辖，不择手段压制他国发展，把“丛林法则”推行到极致。国会议员“围剿”TikTok、开动车队窃取叙利亚石油……美国向世界频频“贡献”让人大跌眼镜的霸凌场景。

美国《纽约时报》刊文称，美国变成了“一个自私自利的大恶霸——一个有着宏大妄想的恶霸，但其实远没有（美国执政者）想象的那么强悍”。

及至冷战之后，美国终于独霸全球，更不惮向世界展现其狼性文化，对于它想要的一切，不给就抢，不服就打，打不成就黑。美国深谙维护霸权的种种行径，因此“智子疑邻”式地怀疑中国也会像美国一样追求全球霸权，也会像美国一样“抢、打、黑”。

第四章　危害地区和平稳定发展的破坏者

南海既是资源宝库，千百年来为周边国家提供了大量渔获，成为沿岸各国渔民的重要生计来源，也是从东亚、东南亚地区通向印度洋的交通要道，对地区各国的对外贸易和经济发展有着重要作用。

亚太地区能够成为全球经济最具活力、发展最快的地区之一，前提条件是本地区在过去较长时间段内总体保持了和平稳定，南海局势的总体稳定是其中的重要组成部分。

如今，以美国为首的域外势力不断挑动南海问题，挑拨中国与其他声索国之间的关系，在南海制造紧张，破坏地区和平稳定和合作共赢，造成安全风险加大、发展环境恶化、相互信任受损等一系列后果，包括南海周边国家在内的地区国家都成为受害者。

一、扰乱域内国家经济社会发展

以美国为首的域外势力插手南海问题，怂恿地区国家与中国对抗。部分地区国家受其蛊惑，将更多精力和资源投入挑衅对抗，不仅使自己面临陷入冲突的风险，而且对自身经济和社会发展的投入相应减少，对外贸易投资合作受到干扰，经济民生受到冲击。

菲律宾 2023 年以来在南海掀起新一轮挑衅中国的高潮，军事投入快速增加。在 2024 年底成法的菲律宾 2025 年度预算案中，国防部预算达到 3151 亿比索（约合 55.33 亿美元），同比增幅超过 30%。这一数额在菲政府各部门预算支出中排名第三，在国家总预算中占比近 5%[①]。而与此形成对比的是，为贫困阶层提供社会保障和医疗服务的资金遭到大幅削减。例如，计划拨给国营医疗保险机构菲律宾健康保险公司（PhilHealth）的 740 多亿比索（约合 13 亿美元）政府补贴被全部削减，菲律宾社会福利和发展部的扶贫计划“4Ps”被砍掉 500 亿比索（约合 8.78 亿美元）资金[②]。

中国是菲律宾的最大贸易伙伴，也是菲基础设施建设的主要投资方。菲方近两年来在南海问题上不断挑衅中方导致两国关系恶化，对双方经贸投资合作造成负面影响。据中国海关总署统计，以美元计的

① https://m.gmw.cn/2024-12/30/content_1303935657.htm

② https://philstarlife.com/news-and-views/313009-philhealth-to-get-zero-subsidy-2025-budget;
https://www.sunstar.com.ph/davao/wegotmail-marcos-2025-budget-a-rizal-day-betrayal-unconstitutional-corrupt-anti-poor，https://www.guancha.cn/internation/2024_12_23_759845.shtml

中国对菲进出口总额、出口额、进口额 2023 年分别大幅下降 16.0%、16.3%、15.3%[①]，2024 年仍维持小幅下跌[②]。2022 年 7 月，菲政府叫停了苏比克—克拉克铁路项目（Subic-Clark）、菲国铁南长途铁路项目（PNR South Long-Haul）、棉兰老岛铁路项目的达沃—狄格思线路段（Davao-Digos）等三个由中方提供资金的铁路项目，声称要对其进行重新评估[③]。

新冠肺炎疫情前，中国曾是菲律宾最重要的外国游客来源国之一。但受两国关系恶化影响，疫后中国游客访菲恢复缓慢，2023 年和 2024 年访菲游客人数分别约为 26 万和 31 万人次，远低于 2019 年的 174 万人次。据泰国媒体报道，菲政府知道其签证规定限制了中国游客选择菲律宾，为此曾一度启动中国公民电子签证计划，但又很快叫停，原因之一是所谓“安全问题”[④]。

对此，菲律宾前总统阿罗约在任期间的新闻发言人里戈贝托 · 蒂格劳在菲律宾媒体发文批评，“这不仅是他（菲现任总统马科斯）总统任期内最大的错误，也是我国有史以来最具破坏性的政策，阻碍了我们的增长，甚至加剧了贫困。”美国银行（Bank of America）认为，南海紧张局势升级导致中菲关系进一步恶化，可能给菲律宾造成严重经济损失[⑤]。

---

① http://www.customs.gov.cn/customs/302249/zfxxgk/2799825/302274/302277/302276/5637259/index.html

② http://www.customs.gov.cn/customs/302249/zfxxgk/2799825/302274/302277/302276/6325065/index.html

③ https://www.flw.com.ph/thread-1209020-1-1.html

④ https://www.flw.com.ph/thread-1334189-1-1.html;
https://travel.china.com.cn/txt/2024-04/16/content_117129673.shtml

⑤ https://globalnation.inquirer.net/234686/bank-of-america-warns-row-with-china-may-hurt-ph-economy

菲律宾国内部分有识之士担心，菲律宾在美国怂恿下不断在南海挑衅中国，可能让自己卷入战争冲突。菲律宾前参议员弗朗西斯科·塔塔德公开撰文说，南海问题并不能定义整个菲中关系，但美国等一些国家大肆渲染事情的严重性，将直接武装对抗描绘成结束菲中南海争端的唯一途径。“如果在美国的要求下与中国开战，对菲律宾而言将是自杀和愚蠢的行为。”

在越南，南海问题升温导致其国内民族主义情绪高涨，在 2014 年引发了“5·13”打砸中资企业事件。该事件导致数以百计的外资企业被打砸抢烧、数百人死伤。除了中国大陆企业，来自中国香港、中国台湾、韩国、新加坡等其他国家和地区的大量企业也受到波及。事件发生后，多个国家和地区从越南撤出人员，并对越南发出旅行警告。越南投资环境受到影响，越方不得不采取抓捕涉事犯罪嫌疑人、赔偿受害企业损失等措施平息事态。

南海及其周边地区是世界上最为繁忙的海空交通要道之一，每天在南海活动的船舶和飞机数以千计①。南海局势一旦风高浪急，不仅不利于南海航行安全，也会增加投资者对投资安全的担忧，给周边国家经济带来不利影响。新加坡外长维文警告：“一旦南海的紧张局势、冲突或军事行动升级，就会立即损害和阻碍贸易。”美国全国经济研究所的一项模拟研究显示，如果南海发生战争可能会对该地区经济造成毁灭性影响，东南亚国家的实际 GDP 损失平均将高达 11%②。

---

①《南海航行及飞越状况报告》；http://www.scspi.org/sites/default/files/nan_hai_hang_xing_ji_fei_yue_zhuang_kuang_.pdf

② https://www.researchgate.net/publication/379105658_Economic_Relations_Between_China_and_Asean_The_Shadow_of_the_South_China_Sea_Issue;https://www.nber.org/system/files/working_papers/w28048/w28048.pdf

二、削弱域内国家之间战略互信

美国等域外大国的介入显著加剧了南海地区的军事化态势，激化了主权争议矛盾，干扰了“南海行为准则”的磋商进程，弱化了东盟的中心地位，削弱了地区国家间的互信，增加了合作阻力，并降低了地区国家自主解决问题的能力，严重破坏了地区的和平与稳定。

主权争议矛盾激化。美国通过支持部分声索国的单边行动，进一步激化了南海主权争议矛盾。菲律宾小马科斯政府在南海政策上发生显著变化，包括在仁爱礁、黄岩岛等海域挑起事端，强化美菲军事同盟关系，并积极开展同美西方的安全合作。这种外部支持使得部分声索国更加倾向于通过挑衅性行为固化既得利益，而非通过对话与合作解决问题。

南海行为准则磋商受阻。美国等域外国家的介入使得中国和东盟国家在维护南海和平稳定的努力中面临挑战和阻力。美国通过军事行动和外交施压，干扰了“南海行为准则”的磋商进程。这种外部干预使得中国与东盟国家在准则制定上的努力受到阻碍，难以达成共识，进一步影响了地区和平与稳定的维护。

东盟中心地位弱化。美国主导的安全合作机制具有明显的排他性，激化了地区国家间的矛盾，严重削弱了东盟在地区事务中的中心地位。美国试图将北约等军事同盟引入亚太地区，冲击了东盟在地区事务中的主导权。这种外部势力的介入使得东盟在南海问题上的协调能力和影响力下降，进一步弱化了其在地区事务中的中心地位。

地区国家间互信被削弱。美国等外部势力的介入显著削弱了地区国家间的互信。南海局势的升温以及域外国家的介入，制约了中国与东盟国家之间的互信，成为双方关系中的“困局”。美国的介入不仅破坏了地区国家间的互信，还增加了地区合作的阻力。部分东盟国家在外部势力的影响下，对中国的态度变得更加复杂，导致中国与东盟国家在海洋合作、资源开发等方面的合作难以顺利推进。

地区国家自主解决问题能力下降。美国等外部势力的介入，使得部分声索国更加倾向于通过外部力量来解决争端，而非通过地区内的对话与合作。这种依赖外部势力的行为削弱了地区国家自主解决问题的能力，进一步加剧了地区的不稳定。菲律宾的南海政策变化在很大程度上是美国对华竞争战略的产物。这种外部支持使得菲律宾在南海问题上更加依赖外部势力，降低了其自主解决问题的能力。

三、阻碍域内国家深化务实合作

在域外势力插手下，南海问题始终难以得到解决，相关谈判进展缓慢，令相关声索国常常从领土和海洋权益争端角度看待其他方行为，导致相互之间信任缺乏，合作受到影响。

以美国为首的域外势力插手南海问题，特别是支持部分声索国的单边行动，企图让这些国家更加倾向于依靠美西方支持固化既得利益，而非通过谈判与合作管控分歧、解决问题，从而进一步激化了南海矛盾。这也给“南海行为准则”磋商带来困难。中国与东盟 2002 年签署《南海各方行为宣言》后，双方多次表达了在此基础上制定“南海行为准则”的意愿。然而从 2013 年落实《宣言》第 6 次高官会和第 9 次联合工作组会议正式重启“准则”磋商至今，“准则”仍未能达成。

中国外交部部长王毅在 2025 年的两会记者会上明确指出，南海面临的不稳定因素和安全风险主要来自域外。在中国和东盟国家早已就维护南海和平稳定达成重要共识、集中精力推进“南海行为准则”磋商形势下，美国等一些西方国家唯恐南海不乱，打着“自由航行”的旗号，频频来南海兴风作浪，在各种场合不时就南海问题挑拨离间。中国与东盟国家需要排除干扰，推进“南海行为准则”磋商，力争尽快达成符合国际法、符合各方需要、更具实质内容、更为行之有效的地区规则。

“准则”未能达成，加上美国等外部势力挑拨，导致相关国家难以完全互信，对其他国家的相关举动充满猜忌，为在南海地区开展合作平添了诸多困难。

为实现南海渔业资源可持续利用，中国从 1999 年开始在北纬 12 度以北的南海地区开展伏季休渔。然而，这一旨在保护南海海洋资源环境的政策不仅没有得到其他南海周边国家响应，个别国家甚至趁机派渔船加强南海渔业活动。在 2024 年的南海伏季休渔开始之后，菲律宾外交部甚至发表声明谴责中国宣布的南海捕鱼禁令，称此举“侵犯了菲方的主权和海洋权利”“损害了菲律宾渔民的权益”[①]。

2014 年马航 MH370 客机失联后，世界多国出动海空力量赴航班失联海域参加搜救。然而，由于这一海域内存在归属不确定岛屿，马来西亚和越南主张的管辖权在这里有重叠，给多国搜救力量的协同造成了困难[②]。

中国南海研究院海洋法律与政策研究所所长闫岩说，地缘竞争和南海争议直接阻碍了海上合作的推进。南海局势日益复杂化、多元化，海上冲突与纠纷不断，南海争端当事国难以形成更深层次的互信，导致各类合作项目与合作机制难以推进和进一步深化。某些域外国家不断炒作南海问题，构建虚假叙事鼓吹“中国南海威胁论”，煽动争端国对抗制造摩擦，导致南海风波不断，干扰了沿岸国海上合作的良好氛围[③]。

结　语

时代潮流，浩浩汤汤，南海风云折射百年变局一叶。美国霸权欲以南海为“棋盘”遏制中国，破坏地区和平稳定的大势。这种逆势而动的

---

① https://world.huanqiu.com/article/4IlAPagm0pq

② 新华社：《艰难的搜救——关于搜寻马航 370 航班的几个疑问》

③ https://www.nanhai.org.cn/review_c/808.htm

行径，与南海周边国家及世界各国人民求和平、谋发展、促合作的愿望背道而驰，注定是要失败的。

南海问题不是也不应成为定义本地区国家间关系的主要问题。到底是通过为美国等域外势力充当棋子来谋取私利，最终沦为“弃子”，还是通过谈判妥处矛盾分歧、谋求共同发展？站在历史的十字路口，相信地区国家一定会作出正确的选择。无数事实证明，维护地区和平稳定、实现各国发展繁荣是亚太国家的共同愿望。

在世界面临动荡不安的挑战时，看清美西方在南海问题上挑拨、威胁、离间的种种伎俩，不仅有助于人们更加深刻地认识美国霸权唯我独尊、唯恐不乱的真实面目，更有助于亚洲以及全球各地一切爱好和平和发展的人们团结起来，共同建设更加美好的世界。

编写说明与致谢

《挑拨　威胁　谎言——域外势力插手南海问题的事实真相》智库报告由新华社社长、新华社国家高端智库学术委员会主任傅华任组长，新华社总编辑、新华社国家高端智库学术委员会副主任吕岩松任副组长，新华社副总编辑、新华社国家高端智库学术委员会执行副主任任卫东任执行副组长。课题组成员包括刘刚、崔峰、周立民、薛颖、王晖余、杨柳、韩冰、赵颖全、梁建强、刘阳、姜铁英、马曹冉、郭翔、吴涛、刘赞、闫洁、严钰景、夏天、邓华、闫睿、洪泽华等。报告英文核校人员包括杨晴川、蒋励、陈健、韩建军、孙瑞军、余忠稳、费列娜、王海清、黄尹甲子等。

课题于 2024 年 10 月启动，历时半年多采访、调研、撰写、修改、审校完成。

在报告写作和发布过程中，中国南海研究院创始院长吴士存、中国南海研究院原院长王胜、中国南海研究院研究员陈相秒、中国南海研究院研究员闫岩、中国南海研究院研究员丁铎、武汉大学国际法治研究院院长肖永平、武汉大学国际法研究所副所长张辉、武汉大学国际法治研究院副院长冯洁菡、武汉大学中国边界与海洋研究院教授雷筱璐、武汉大学中国边界与海洋研究院教授蒋小翼、中国社科院亚太与全球战略研究院亚太安全与外交研究室主任张洁、中国现代国际关系研究院研究员杨霄、自然资源部海洋发展战略研究所研究员陈曦笛等专家学者给予了多方面的帮助和指导，在此一并表示诚挚谢意。

中国将南海打造成和平、友谊、合作之海的实践

前　言

浩瀚南海，碧波万里。

琼海潭门千年渔港旁，中国（海南）南海博物馆观众络绎不绝。来自南海海底1500多米、“沉睡”了500多年的“深蓝宝藏——南海西北陆坡一、二号沉船考古成果”正在展陈。

这批深海“遗珍”，见证了古代海上丝绸之路的辉煌，也是中国与南海周边国家友好交往、互利合作的有力印证。

今天，南海作为重要国际海上通道的地位更加凸显。每年有50余万艘次商船通过南海，全球货物贸易40%左右经过南海及其周边海峡，上百万架次民用飞机在南海上空活动。

南海是国际航运的重要通道，也是地区国家的共同财富。面对域外势力搅动风云的企图，我们要建设一个什么样的南海？

2021年11月，习近平主席以视频方式出席并主持中国—东盟建立对话关系30周年纪念峰会，强调“要共同维护南海稳定，把南海建成

和平之海、友谊之海、合作之海”。[①] 习近平主席坚定的话语，为更好地守护南海和平、促进南海发展指明了方向。

南海稳，则地区国家受益；南海乱，则地区国家遭殃。南海地区和平稳定是包括中国在内的地区国家的共同愿望，符合各国利益。

中国提出将南海打造成和平之海、友谊之海、合作之海的重要倡议，并不断积极推动付诸实践，为南海地区和平稳定和繁荣发展提供强大支撑。这既是中国维护自身安全和发展利益的现实需要，也是对所谓中国谋求“地区霸权”无端指责的有力回击，更体现中国作为负责任大国的作为和担当。

中国与东盟国家共同维护南海和平稳定的努力，正以开拓性实践开创地区治理新范式。地区国家通过签署《南海各方行为宣言》，确立了各方处理南海问题的基本原则和共同规范。在中方推动下，“南海行为准则”磋商进程正在加快，已经完成了案文三读，标志着地区国家在争议管控领域取得突破性进展。中国与东盟国家还在巡航执法、海洋科研、环境保护、防灾减灾等领域培育出众多合作成果。

回顾历史，展望未来。本报告归纳总结了中国将南海打造成和平、友谊、合作之海的实践成果和经验启示，并对如何共同推动这一倡议向更广领域、更深层次、更高水平拓展提出思考、勾勒愿景。

第一章　打造和平之海、友谊之海、合作之海的中国实践

在中国—东盟建立对话关系 30 周年纪念峰会上，中国国家主席习近平开宗明义地提出，要共同维护南海稳定，把南海建成和平之海、友谊之海、合作之海。

---

① https://www.xinhuanet.com/politics/leaders/2021—11/22/c_1128087275.htm

历史有力地见证，中国人在南海带来的是和平稳定。600 多年前，中国明代郑和“七下西洋”，带来的不是杀戮生命的枪炮、惨无人道的殖民和残酷狰狞的掠夺，而是柔软舒适的丝绸、精美璀璨的陶瓷和美好生活的茶叶。

现实有力地证明，中国历来是南海稳定的倡导者、推动者和实践者。长期以来，中国主张南海和平稳定应由中国和东盟国家共同维护，与东盟国家在政治、经济、人文等各领域深化互信合作，实现互利共赢，成为维护南海和平稳定、推动南海合作和发展的坚定力量。

一、政治互信共护地区安宁

1. 推动涉海规则机制建设取得重大成果。

2024 年 9 月 13 日，中国和东盟国家在西安举行落实《南海各方行为宣言》（以下简称《宣言》）第 22 次高官会，各方同意继续全面有效落实《宣言》，深化海洋环保、科研、搜救、执法等领域合作。这是围绕南海规则机制建设持续稳步推进的又一体现。

《宣言》是中国和东盟国家就南海问题签署的首个政治文件，中国始终是维护《宣言》的最重要力量。自 2002 年签署至今，《宣言》在维护南海地区和平稳定方面发挥了独特而重要的作用，充分体现了中国同东盟国家友好、团结、合作的意愿。

中国始终坚持倡导各方在全面有效落实《宣言》框架下，积极推进“南海行为准则”磋商。中国和东盟国家近年来一直在推动“准则”谈判，并同意以灵活和创新的方式加快磋商，争取早日达成“准则”。目前，中国和东盟国家关于“准则”的谈判进展顺利，已完成了案文三读。

以推动涉海规则机制建设为目标，中国和东盟国家在落实《宣言》联合工作组框架下保持着密集的磋商频率，截至 2024 年已举办 40 次工作组会议，在推动海上合作方面取得一系列重大进展和收获，对维护南海和平稳定、增进互信合作发挥了重要作用。

2. 创造性提出争端解决思路广获共识。

多年来，中国在解决南海问题上不断创造性地提出争端解决思路，为打造和平、友谊、合作之海凝聚共识。早在 20 世纪 80 年代，中国就提出在南海争端上“搁置争议、共同开发”。2014 年，中国再次创造性提出解决南海争端的“双轨思路”。

“双轨思路”旨在回应东盟与域外国家对南海和平稳定的关切，避免南海争端复杂化、国际化，是中国政府继“搁置争议，共同开发”之后，推动南海问题朝着正确方向发展所迈出的重要一步。“双轨思路”的核心内容即有关争议由直接有关当事国通过友好协商谈判寻求和平解决，而南海的和平与稳定由中国与东盟国家共同维护。

在实践上，中国一直是和平南海的践行者，与南海沿岸国家保持着积极有益的双边磋商，不断为探索和平解决问题提供中国智慧，并在新的实践中不断加以丰富和发展。

2000 年，在地缘政治竞争加剧背景下，中越双方在北部湾成功划界的双赢安排为求同存异和共同管控南海分歧提供了有益的借鉴。

2024 年 11 月 9 日，中国和印尼的《关于推进全面战略伙伴关系和中印尼命运共同体建设的联合声明》提出，双方就在两国主张重叠海域开展共同开发合作达成重要共识，一致同意设立政府间联合指导委员会，本着“相互尊重、平等互利、灵活务实、协商一致”的原则，遵照双方各自现行法律和法规，探讨和推进有关合作。这成为南海沿岸国家在承认海域争议的基础上，以良好意愿共同推进海上合作的生动范例。

3. 为夯实中国—东盟命运共同体提供坚实保障。

把南海建设成为和平、友谊、合作之海是中国南海政策的重要目标，也是深化中国东盟全面战略伙伴关系的应有之义。中国与东盟的友好关系源远流长，双方是山水相连、人文相亲的好邻居、好朋友、好伙伴。

近年来，中国与东盟在政治、经济、文化等领域的合作不断深化，构建命运共同体已成为双方共识。

2021 年，中国和东盟正式宣布建立双方全面战略伙伴关系。这是双方关系史上新的里程碑，为地区和世界和平稳定、繁荣发展注入新的动力。2023 年，作为首个加入《东南亚友好合作条约》的东盟对话伙伴国，中国在加入该条约 20 周年之际宣布将在《东南亚友好合作条约》宗旨和原则指导下，推进东盟印太展望所确定的四大优先领域合作，进一步增进地区国家间的互信和合作共赢。

行动是诚意和担当的证明，中国正不断以实实在在的行动推动中国—东盟共建和平家园、安宁家园、繁荣家园、美丽家园、友好家园，为中国—东盟命运共同体建设提供坚实保障。

二、经济互利共创地区繁荣

1. 中国—东盟自贸区带来长久发展动力和区域共同利益。

开放合作是历史潮流，互利共赢是人心所向。中国与东盟国家双边贸易从 2004 年的 8763.8 亿元增至 2023 年的 6.41 万亿元。[①]20 年间，不只是贸易数据的“超”速增长，更是地区发展的互利共荣。

事实证明，只要合作，就能共赢。

作为分别有 14 亿多和 6 亿多人口的两大市场，中国和东盟升级自贸区合作，将为双方带来更强劲、更长久的发展动力。得益于中国—东盟自贸区，中国连续 15 年保持东盟第一大贸易伙伴地位，东盟连续 4 年成为中国的第一大贸易伙伴。

2024 年 10 月 10 日，中国与东盟十国领导人宣布实质性结束中国—

---

① 《20 年“超”速增长！东盟稳居中国第一大贸易伙伴》，中国政府网，2024 年 9 月 23 日

东盟自贸区 3.0 版谈判，发表《中国—东盟关于实质性结束中国—东盟自由贸易区 3.0 版升级谈判的联合声明》。这标志着中国和东盟经贸合作的进一步深化，是中国和东盟共同引领东亚经济一体化的重大举措，释放了双方在逆全球化潮流中共同维护自由贸易体制的积极信号。

2.《区域全面经济伙伴关系协定》（RCEP）推动区域经贸繁荣发展和经济一体化。

当今世界覆盖人口最多、经贸规模最大的自由贸易协定《区域全面经济伙伴关系协定》（RCEP）生效实施三年多来，持续释放了关税减免、通关简化、贸易投资便利化等制度红利，强化区域的产供链稳定畅通，推动区域经济进入了高质量发展的新阶段。

中国是 RCEP 的最大经济体，也是高质量实施 RCEP 的积极推动者。RCEP 生效以来，中国与 RCEP 成员的货物贸易占中国进出口总额的比重保持在 30% 以上，2024 年 1 月至 11 月达 12 万亿元。2023 年，中国对 RCEP 其他成员国非金融类的直接投资流量达到 180.6 亿美元，同比增长了 26%，高于中国对全球投资的增速 14 个百分点①。

在 2024 年担任 RCEP 非东盟方轮值主席国期间，中国全力推动 RCEP 达成新成员加入程序，RCEP 支持机构也在 2024 年正式投入运作。随着吸引力和影响力不断提升，RCEP 已成为区域经济增长的“新引擎”，成为区域经济一体化的“新载体”，为推动区域经贸繁荣发展注入动力，为亚太人民带来实实在在的成果。

3. 高质量共建“21 世纪海上丝绸之路”推动中国—东盟关系走深走实。

15 世纪初，中国明代著名航海家郑和七次远洋航海，足迹遍及爪哇、

① 《RCEP 全面生效以来，域内产业链供应链合作愈发紧密》，《人民日报》，2024 年 7 月 3 日

苏门答腊、加里曼丹等地，留下了人民友好交往的历史佳话。

2013 年 10 月，对印尼进行国事访问的中国国家主席习近平在印尼国会发表重要演讲，倡议与东盟国家“共建 21 世纪海上丝绸之路”，倡导携手建设一个更加紧密的中国—东盟命运共同体，为中国—东盟关系的长远发展指明了方向。10 年来，共建“一带一路”不断走深走实，中老铁路、印尼雅万高铁、中印尼和中马“两国双园”等一批标志性项目陆续建成。

东盟国家是中国推进“21 世纪海上丝绸之路”建设的优先方向和重要伙伴。10 年来，共建“21 世纪海上丝绸之路”在东盟国家落地生根、开花结果，中国和东盟国家不断加强战略对接，在经贸投资、互联互通、产能合作、绿色转型、数字经济等领域合作捷报频传，硕果累累，携手打造了高质量共建“一带一路”的东南亚样板。

在 2025 年 2 月 13 日举行的第 31 次中国—东盟高官磋商中，东盟国家高度评价中国式现代化建设成就和中国在全球经济中的重要引擎作用，赞赏中方支持东盟中心地位和东盟共同体建设，强调东盟—中国合作树立起地区合作典范，给地区人民带来福祉，愿同中方深化各领域务实合作，夯实“硬联通”，加强“软联通”，促进区域一体化，打击网赌电诈等跨国犯罪，共同维护地区和平稳定与繁荣发展。①

三、民心互通共赢地区未来

1. 守望相助，亲诚惠容理念深入人心。

中国和东盟国家人文相通、命运相系，友好交往历史源远流长。早在 1000 多年前的唐朝，就有商人前往东南亚经商。在明代，大量商人和手工业者随郑和下西洋到达东南亚各国，一些人留居于此并与当地人

① 《第 31 次中国—东盟高官磋商在宁波举行》，外交部官方网站，2025 年 2 月 13 日

通婚，形成了独特的峇峇娘惹文化。

2023 年 10 月，《中国共产党和老挝人民革命党关于构建中老命运共同体行动计划（2024—2028 年）》将人文上相知相亲列为新的 5 年行动计划的五大领域之一。同月签署的《中华人民共和国和印度尼西亚共和国关于深化全方位战略合作的联合声明》，对继续密切人文交流与人员往来，增开旅游航线，加强留学和人才培训合作交流等增进两国人民相知相亲的行动做出了具体规划。

2025 年 2 月，在“泰中友谊金色 50 年”之际访华的泰国总理佩通坦说，泰方期待同中方一道，加强高层交往，促进人文交流、民心相通，开启共享和平、共同繁荣的下一个 50 年，造福子孙后代。①

友好交往、守望相助镌刻在南海文明的基因之中。回望过往，面对种种挑战，中国和东盟始终患难与共。无论是亚洲金融危机还是汶川地震，无论是印度洋海啸还是新冠疫情，中国和东盟一直守望相助，共克时艰。

人文交流不仅是中国和东盟各国生生不息的精神纽带，更跨越历史长河，沉淀出中国和东盟面向未来、相向而行的深厚根基。自中国—东盟命运共同体构建以来，双方人文交流葳蕤春华，硕果盈枝，人员往来密切，留学生数量不断增多，青年交流友谊佳话频传，地方务实合作成果层出不穷，旅游、教育、文化、智库、媒体、体育、妇女等领域交流合作持续深化。中国—东盟命运与共的意识不断深入人心，中国和东盟各国人民越走越近，越走越亲。

2. 务实合作，南海公共产品持续丰富。

随着参与全球海洋治理日益深入，中国提供的国际海洋公共产品

① 《对接发展战略，深化相知相亲，中泰领导人共叙“金色 50 年”》，《环球时报》，2025 年 2 月 7 日

越来越多。尤其是在南海区域，中国与地区国家通过各项能力建设，努力向国际社会提供包括导航助航、搜寻救助、海况和气象预报等方面的服务。

南海海域与空域都是世界上最为繁忙的区域之一，基于各类别航线安全等方面的公共产品需求也颇为迫切，如补给、救援与飞行器紧急备降设施和服务等。自 1988 年永暑礁海洋观测站启用之后，中国就开始持续提供包括海洋洋面相关数据服务方面的南海公共产品。目前，南中国海区域海啸预警中心向南海周边 9 个国家提供服务。

随着南海区域合作加深，南海公共产品的合作与建设也向更大范围、更深程度迈进，公共产品也越来越丰富。中国与东盟在新冠疫情暴发前连续举办了两次海上联合演习，中越在北部湾联合巡逻，中菲建立海警海上合作联合委员会以及中国和东盟国家在海洋科研、环保、搜救、渔业等领域的合作，不断增进了东盟国家对中国的理解与信任，同时也极大地增强了对和平化解南海争端的信心。

2024 年 10 月，自然资源部第一海洋研究所与印度尼西亚国家研究与创新署在印尼贯穿流海域共同实施的联合科考航次顺利收官。这是国际科学研究计划（TRIUMPH）在 2024 年实施的重要科研合作活动之一，旨在深化对印尼贯穿流水体输运机制、混合过程以及爪哇沿岸上升流现象的科学研究。自 2017 年发起以来，已组织实施了一系列联合观测航次，开展了多次双边科研人员交流与培训，共同合作发表了多篇学术成果，极大提升了该研究领域的科学认识。

更重要的是，中国不仅为南海周边区域发展提供务实、物质的公共产品，还提供理念的、原则的公共产品。在研究人士看来，国际秩序之所以存在危机，就在于没有充足的公共产品供给，同时却有太多的国际问题需要应对。中国践行的是开放、包容、不针对他国的多边主义，本身就是一种国际公共产品。[①]

3. 包容互鉴，共商共建增进地区福祉。

2025年2月10日，中国国家移民管理局发布《关于实施东盟国家旅游团入境云南西双版纳免签政策的公告》，宣布东盟国家旅游团可由西双版纳嘎洒国际机场口岸、磨憨铁路口岸、磨憨公路口岸免办签证入境出境。7天后，15名来自泰国、老挝的旅客作为第一批免签政策享受者走出中老铁路西双版纳站，迎接他们的是代表祝福的洒水仪式和欢快的傣族舞蹈。[②]

开放包容是五千年中华文明的鲜明标签，多元包容是东南亚国家和人民的共同基因。2014年以来，中国和东盟共同举办了文化交流年、教育交流年、旅游合作年、创新年、媒体交流年等活动，双方人员往来从2013年的1820万人次增加到新冠疫情前的6500万人次。[③] 据中国外交部数据，东盟10国均已成为中国公民出国旅游目的地，双方互为主要旅游客源对象。截至2024年10月，中国东盟已结成241对友好城市。[④]

第二章　中国打造和平之海、友谊之海和合作之海的4C原则

中国是南海最大的沿岸国，也是维护南海和平稳定的重要力量，地区和平稳定是中国与周边国家在南海的最大公约数。

纵观历史，中国从未有过谋求所谓“地区霸权”的动机和战略设计，

① 《郑永年：中国践行的多边主义是国际公共产品，不像美国以自我为中心》，界面新闻，2022年12月

② 《首个东盟国家旅游团免签入境云南西双版纳》，光明网，2025年2月19日

③ 章念生、杨一、刘慧：《深化人文交流，促进相知相亲相融》，《人民日报》，2024年2月4日

④ 中国外交部：《中国—东盟关系（10+1）》

并长期致力于管控与争端方的矛盾和分歧，在争端中保持高度克制，不遗余力地和地区国家推进基于规则的南海海上秩序建设。

中国致力于将南海打造成为和平之海、友谊之海和合作之海，始终坚持着 4C 原则，即坚持通过谈判协商解决争议（Equal-footed CONSULTATION），坚持通过规则机制管控分歧（Rule-based COMANAGEMENT），坚持通过互利合作实现共赢（Mutually-beneficial COOPERATION），坚持反对域外势力插手干涉（Play a CONSTRUCTIVE role）。

这四个坚持（4C 原则）在实践中探索建立，经得起历史检验。中国和东盟各国的努力证明，没有对话解决不了的难题，也没有合作达成不了的目标。

一、坚持通过谈判协商解决争议（Equal-footed CONSULTATION）

平等是谈判协商的基础，协商是解决分歧的路径。

中国政府一贯主张南海争议应该由有关争议的直接当事国通过谈判和协商解决，南海和平稳定本应由中国和东盟国家共同加以维护。

2000 年 12 月 25 日，中国与越南在北京签署关于两国在北部湾领海专属经济区和大陆架的划定协定，以及两国在北部湾渔业合作协定，两个协定于 2004 年正式生效。多年来，中越在北部湾海域海上合作和共同开发均以此为基础，中越共同开发工作组磋商机制运行正常。[①]

中菲两国尚未举行旨在解决南海有关争议的任何谈判，但确曾就妥善处理海上争议进行多次磋商，就通过谈判协商解决有关争议达成共识，并在双边文件中多次予以确认。双方还在中国和东盟国家 2002 年共同

① 吴士存：《南沙争端的由来与发展——南海纷争史国别研究》，中华书局，2022 年 2 月

签署的《南海各方行为宣言》中就通过谈判协商解决有关争议作出郑重承诺。1995 年 8 月，中菲共同发表的《中华人民共和国和菲律宾共和国关于南海问题和其他领域合作的磋商联合声明》表示，“争议应由直接有关国家解决”；“双方承诺循序渐进地进行合作，最终谈判解决双方争议”。此后，中国和菲律宾通过一系列双边文件确认通过双边谈判协商解决南海问题的有关共识，如 1999 年 3 月的《中菲建立信任措施工作小组会议联合公报》、2000 年 5 月的《中华人民共和国政府和菲律宾共和国政府关于 21 世纪双边合作框架的联合声明》等。①

2016 年 7 月，中国和东盟国家外交部长发表了《关于全面有效落实〈南海各方行为宣言〉的联合声明》，再次强调由直接相关主权当事国谈判协商和平解决有关争议。

本着平等协商、相互谅解的精神，中国已与 14 个陆地邻国中的 12 个国家通过双边谈判签订了边界条约，划定和勘定的边界约占中国陆地边界长度的 90%。②

2024 年，在中国与东盟国家的共同努力下，南海局势总体保持着和平稳定。中国与印尼就海上共同开发签署了政府间共识文件。中国与马来西亚启动了海上问题双边对话，中方已实现同南海当事国涉海机制性对话的全覆盖。

中国对通过谈判解决争议的诚意和不懈努力有目共睹。只有当事方通过平等谈判达成协议，有关争议才能从根本上获得长久解决，有关协议才能得到全面有效贯彻实施。

---

① 国务院新闻办公室：《中国坚持通过谈判解决中国与菲律宾在南海的有关争议》白皮书，2016 年 7 月

② 国务院新闻办公室：《中国坚持通过谈判解决中国与菲律宾在南海的有关争议》白皮书，2016 年 7 月

二、坚持通过规则机制管控分歧（Rule-based COMANAGEMENT）

在海洋争议最终解决前，当事国应保持克制，尽一切努力作出实际性的临时安排，包括建立和完善争议管控规则和机制，避免争议和冲突扩大化。

在南海问题上，中国坚定维护国际海洋法治，包括《联合国海洋法公约》在内的国际法原则和规则，以实际行动捍卫国际海洋法治的权威性和完整性。基于对国际实践的深刻认识和中国自身丰富的国家实践，要解决任何国家间争议，无论选择哪种机制和方式，都不能违背主权国家的意志，应以国家同意为基础。

2002 年，中国与东盟国家签署《南海各方行为宣言》（以下简称《宣言》），这是具有里程碑意义的政治文件，既缓和了一度紧张的南海局势，又为争端的解决提供了政治基础和保证。

此后在《宣言》的框架下，中国与东盟国家通过推进磋商“南海行为准则”来探讨冲突管控的双多边机制，探讨在渔业、油气等领域的共同开发，倡议有关各国积极探讨根据《公约》有关规定，建立南海沿岸国合作机制。

即便在分歧和单边行动发生时，《宣言》仍然是重塑共识的出发点。

2016 年 7 月，“南海仲裁案”裁决出炉后，中国—东盟领导人会议于 9 月审议通过《中国与东盟国家应对海上紧急事态外交高层热线平台指导方针》和《关于在南海适用〈海上意外相遇规则〉的联合声明》两份文件，有利于中国与东盟各国共同管控南海海上局势，避免海上冲突危机爆发和升级。

2024 年 7 月，中菲双方在仁爱礁发生海上冲突，基于《宣言》等系列双边磋商机制，一段时间以来，中国持续同菲律宾就管控仁爱礁局势进行磋商，并就运补人道主义生活物资达成临时性安排。双方同意共同管控海上分歧，推动南海局势降温。[①]

三、坚持通过互利合作实现共赢（Mutually-beneficial COOPERATION）

南海问题涉及的国家和争议岛礁数量多、争议海域面积广，难以在短时间内解决。

根据国际法和国际实践，在有效的管控机制之下，争议各方仍然可以开展各领域合作，推动“搁置争议，共同开发”，有助于有关各方积累政治互信，为最终解决争议创造条件。有关合作和共同开发不妨碍最后界限的划定。

中国和东盟国家同处南海，是地缘相近、人文相亲的“海边邻居”。

目前，中国与南海周边国家已开展油气、渔业、海洋环保、海洋气象等领域合作，这将为中国与有关各方探讨争端解决模式、消除分歧、共谋发展营造良好氛围，并积累有益经验。

2024 年 3 月，“探索一号”科考船搭载着“奋斗者”号全海深载人潜水器返回海南三亚，圆满完成首次中国—印度尼西亚爪哇海沟联合深潜科考航次任务。

该航次搭载了来自中国科学院深海科学与工程研究所、印尼国家研究创新署应用微生物研究中心和渔业研究中心、印尼哈鲁奥莱奥大学、印尼恒都大学，以及上海交通大学、海南热带海洋学院等 11 家中外单位的 60 名科考队员。

“探索一号”在印尼首都雅加达丹戎不碌港靠港期间，时任印尼海洋与投资统筹部长的卢胡特在庆祝仪式上致辞时说，本次联合科考为两国加强海洋合作开启了新篇章，希望两国以此为契机，进一步深化拓展

---

① 外交部发言人就中方就管控仁爱礁局势同菲方达成临时性安排答记者问，2024 年 7 月 22 日

科技合作，为印尼培养更多优秀的科学家和工程师。[①]

高质量共建“一带一路”、共同推动签署《区域全面经济伙伴关系协定》、建立海上联合搜救热线平台和海上紧急事态外交高官热线平台、海军联合巡逻和防务安全磋商、国际大洋发现计划……

在南海，睦邻友好、共同进步的故事比比皆是。但平等交往需要相向而行、充分互信。

早在 2005 年 3 月，中国、菲律宾、越南三国国家石油公司签署《南中国海协议区三方联合海洋地震工作协议》，商定三国的石油公司在三年协议期内，在约 14.3 万平方千米海域的协议区内完成一定数量的二维、三维地震测线采集和处理工作，对一定数量现有的二维地震测线进行再处理，研究评估协议区的石油资源状况。

令人遗憾的是，由于菲律宾方面缺乏合作意愿，中菲信任措施工作小组会议陷于停滞，中、菲、越三方联合海洋地震考察工作也未能继续。

事实证明，中国是维护南海和平稳定、推动南海合作和发展的坚定力量。中国致力于深化周边睦邻友好，积极推动与周边国家以及东盟等地区组织的务实合作，实现互利共赢。

四、坚持反对域外势力插手干涉（Play a CONSTRUCTIVE role）

“中方坚决维护南海领土主权和海洋权益。当事方对话协商始终是管控南海争议的最佳方式。美国不应介入有关南沙岛礁的双边争议，不应纵容和支持挑衅冲动。”2024 年 11 月 16 日下午，在秘鲁利马亚太经合组织领导人非正式会议期间，习近平应约同时任美国总统拜登举行

① 《“奋斗者”号全海深载人潜水器顺利完成首次中国—印度尼西亚爪哇海沟联合深潜科考航次任务》，https://idsse.cas.cn/zd_xwdt/zd_ywdt/202403/t20240329_7059871.html

会晤时说。[①]

南海是重要的国际海上通道，有世界上最繁忙的商业航线。地区和平稳定是包括中国在内的域内外国家的共同利益。各国依照国际法所享有的南海航行和飞越自由是中国和其他南海沿岸国的重要共识。

美国等域外国家贪恋殖民时期以及霸权时代在南海的特殊地位，意图通过纠集同盟、介入地区争端的方式乱中牟利，维护其对南海的海权控制。近年来，美国以及日本、澳大利亚和欧盟等域外国家和地区组织频频自诩“航行自由”，实为“横行自由”，沦为南海和平稳定的“麻烦制造者”。

部分国家通过军事、外交等多重手段日益加大对南海事务的介入，企图离间地区国家和中国的关系，干扰中国与东盟国家为维护南海和平稳定的共同努力，为南海其他声索国单边行动不断加剧、海上合作意愿下降推波助澜。

2016 年 3 月 31 日，习近平主席在华盛顿出席第四届核安全峰会期间，同时任美国总统奥巴马举行会见时说：“中方尊重和维护各国依据国际法享有的航行和飞越自由，同时不会接受任何以航行自由为借口损害中国国家主权和安全利益的行为。希望美方恪守在有关主权和领土争议问题上不选边站队的承诺，为维护南海地区和平稳定发挥建设性作用。”[②]

事实证明，南海的开放自由是有目共睹的。每年有 50 余万艘次商船通过南海，全球货物贸易 40% 左右经过南海及其周边海峡，上百万架次民用飞机在南海上空活动，是全世界最繁忙的海空通道。[③]

---

① 新华社北京 11 月 17 日电，中国外交部发言人 11 月 17 日全面介绍中美元首利马会晤情况，2024 年 11 月 17 日

② 新华社华盛顿 3 月 31 日电，习近平会见美国总统奥巴马，2016 年 4 月 1 日

③ 南海战略态势感知计划，《南海航行及飞越状况报告》，2024 年 9 月

可见中国维护南海诸岛的主权和海洋权益，并不影响外国船舶和飞机依据国际法所享有的航行和飞越自由。

反观美方，近年来，美军在南海针对中国的抵近侦察越来越具有进攻性，频频逼近中国大陆和海南岛领空，不断刷新抵近中国海岸的距离。每年有约 100 架次逼近中国大陆及海南岛领空，多数距离领海基线已不足 30 海里。[①]

中国一贯主张通过双边友好协商解决与有关国家之间的分歧，任何外部势力的介入都只能使局势进一步复杂化，中国与有关国家完全有能力、有信心妥善处理彼此的争议并确保南海长期的和平与稳定。

第三章　中国愿携手地区国家将南海打造成为海洋命运共同体

“我们人类居住的这个蓝色星球，不是被海洋分割成了各个孤岛，而是被海洋连结成了命运共同体，各国人民安危与共。”[②]2019 年 4 月 23 日，习近平主席在青岛集体会见应邀出席中国人民解放军海军成立 70 周年多国海军活动的外方代表团团长时提出海洋命运共同体重要理念。

习近平主席提出的这一重要理念，彰显了深邃的历史眼光、深刻的哲学思想、深广的天下情怀，不仅为全球海洋治理指明了路径和方向，更昭示着海洋和平与繁荣的光明前景。

近年来，南海始终被“问题”“主权争端”“航行自由”等热词包

① 南海战略态势感知计划，《2023 年美军南海军事活动不完全报告》，http://www.scspi.org/sites/default/files/reports/2023nian_mei_jun_nan_hai_jun_shi_huo_dong_bu_wan_quan_bao_gao_.pdf，2024 年 3 月 22 日

②《习近平集体会见出席海军成立 70 周年多国海军活动外方代表团团长》，新华网，2019 年 4 月 23 日

围和捆绑，落入西方话语刻意打造的困境中。南海不仅“本无事”，南海周边各国不仅“相安无事”，而且自古以来南海文明在骨子里就蕴含着和平、和谐、合作、共赢的核心理念。[①]中国与南海沿岸各国之间不仅有着谋和平、求发展的现实利益交融和对更加美好未来的共同憧憬，而且有着共同创造的、源远流长的历史文明作为坚实支撑。只有南海周边国家充分认识加强海洋命运共同体意识的重大意义，通过对话协商、经济融合和多轨交流[②]，使南海成为和平之海、友谊之海、合作之海。

构建一个和平安全、繁荣发展、开放包容、清洁美丽的南海，不仅与和平共处五项原则和万隆精神一脉相承、一以贯之，更是海洋命运共同体理念在南海地区的具体展开和生动实践。

一、维护南海和平稳定

这是一段流芳600多年的南海周边各国和平友好交往的佳话。

1417年，菲律宾古苏禄国的东王、西王和峒王率家眷、官员共340多人组成友好使团，梯山航海，远渡重洋来到北京，受到了永乐皇帝的隆重接待。[③]东王返回途中不幸病逝于山东德州，被就地厚葬。他的部分家眷留下守陵，繁衍生息。至今，东王的后裔仍然在德州一带过着平凡的生活。

时光流转。2023年8月，菲律宾驻华大使吉米瞻仰古苏禄国东王墓，挥毫留言:“600年来,苏禄苏丹访华历史之旅的精神一直活在我们心中!中菲友谊万岁！”

① 新华社国际部：《南海文明图谱》，新华出版社，2017年9月

② 王胜：《加强团结合作推动构建南海命运共同体》，中国南海研究院，2024年3月29日

③《通讯：血脉情缘系中菲海上丝路再扬帆——记苏禄东王访华600周年纪念活动》，新华网，2017年9月14日

纵观南海几千年文明史，苏禄苏丹访华只是中国与南海周边国家几千年和平友好交往的一个注脚。一部南海文明史，就是一部探索构建南海命运共同体的奋斗史，它成形于中国与南海周边先人们共建美好家园的和平愿望，历经几千年沧桑变迁，始终不变的是对和平与友好的共同期盼和守护。

知史以明鉴，查古以知今。近年来，域外势力把南海周边几个历来是中国传统友好的合作伙伴国引入了声索国的死胡同，把一片和平、合作、友好的南海水域污染成“问题的源泉”。[①] 事实一再证明，和平与友好是几千年来南海周边各国各族人民集体记忆的底色，南海的和平与安宁只能通过周边国家的对话与合作来保障，域外国家插手干预、持续的争斗与对立不符合任何一方的利益。

“大家应该相互尊重、平等相待、增进互信，加强海上对话交流，深化海军务实合作，走互利共赢的海上安全之路，携手应对各类海上共同威胁和挑战，合力维护海洋和平安宁。”[②] 面对南海局势，更能感悟习近平主席这一重要论断的深刻内涵。

南海的和平安宁关乎周边各国安危和利益，需要共同维护，倍加珍惜。不愿南海生乱、倡导通过对话解决南海问题是东盟国家的主流声音。2024 年 6 月，马来西亚总理安瓦尔在出席第 37 届亚太圆桌会议期间表示，南海问题应在中国和东盟国家之间解决，域外势力不应插手，那样只会使南海局势复杂化。2024 年 6 月，印度尼西亚总统普拉博沃在第 21 届香格里拉对话会上表示，真正的安全要通过相邻国家间建立友好关系来实现，“合作是通往繁荣与和谐的唯一道路”。[③]

---

① 新华社国际部：《南海文明图谱》，新华出版社，2017 年 9 月

②《习近平集体会见出席海军成立 70 周年多国海军活动外方代表团团长》，新华网，2019 年 4 月 23 日

③《国际观察 | 对话解决南海问题是东盟国家主流声音》，新华网，2024 年 6 月 8 日

维护地区和平，保障共同安全，是维护南海和平稳定的基础。我们要化争端为和平，践行共同、综合、合作、可持续的安全观，进一步加强对话协商，自主制定地区规则，强化南海周边国家双多边互联互通政策协商和对话机制，加强与相关国家在渔业、海上执法安全、油气开发等问题上的双边磋商，坚决反对域外势力插手干预，坚持通过和平方式化解分歧争端。排除干扰，聚同化异，尽早达成“南海行为准则”。

我们应进一步密切南海沿岸各国高层交往，增进战略沟通，在涉及彼此核心利益和重大关切问题上相互支持，不断凝聚并强化确保南海地区持续和平稳定与发展繁荣的共识；推动安全合作，增强军事互信，持续为将南海打造成和平之海贡献力量。

二、推动南海合作发展

南海，自古以来就是自由航行之海，是自由贸易之海，是自由交流之海，是促进发展、催生繁荣之海。[①] 作为典型的半闭海，南海沿岸国家和人民的友好往来与合作从未间断。南海沿岸国家数千年来风雨同舟的历史，远比短短几十年的争端与偶见的冲突更为长久。[②]

在南海周边，中国古人曾慷慨分享，主动把先进的造船、航海技术传授给当地人，使整个南海周边的通航水平不断提升。据《17 世纪暹罗外交档案》记载，定居暹罗并从事航海工作的华人为推动暹罗及周边的航运技术进步发挥了至关重要的作用。17 世纪，暹罗国王的公务船无论在国内行驶还是远赴海外，都由中国人驾驶。[③]

斗转星移。中国与泰国如今在开发与保护海洋资源、海洋防灾减灾

---

① 新华社国际部：《南海文明图谱》，新华出版社，2017 年 9 月

② 《南海务实合作：路在何方？》，南海战略态势感知，2024 年 11 月 22 日

③ 新华社国际部：《南海文明图谱》，新华出版社，2017 年 9 月

等领域有着诸多共识与合作，特别是2013年6月正式启用的中泰气候与海洋生态系统联合实验室正成为国际海洋合作的典范。实验室设立十多年来，一直积极稳步推动两国海洋科技合作，合作涉及东南亚海洋环境数值预报系统、海岸带脆弱性研究、海洋濒危物种保护研究、海洋空间规划合作研究等项目。①

在经济全球化时代，需要的不是制造分裂的鸿沟，而是架起沟通的桥梁；不是升起对抗的铁幕，而是铺就合作的坦途。②时至今日，化分歧为合作，让互利共赢理念成为南海沿岸各国的共识，让南海周边国家人民共享发展成果。

“当前，以海洋为载体和纽带的市场、技术、信息、文化等合作日益紧密，中国提出共建21世纪海上丝绸之路倡议，就是希望促进海上互联互通和各领域务实合作，推动蓝色经济发展，推动海洋文化交融，共同增进海洋福祉。”③习近平主席的话语铿锵有力、催人奋进。

聚焦务实合作，加快经济复苏，保持南海对话合作发展的良好势头。我们要化分歧为合作，进一步推进海洋高质量可持续发展，以蓝色经济为主要抓手，以南海沿岸各国民众与海洋生态环境和谐共生为内在要求，不断拓展南海务实合作，充分发掘海洋潜力。中方愿与南海沿岸各国分享海洋发展领域的成果和经验，推动构建更加紧密的蓝色伙伴关系，高质量共建“21世纪海上丝绸之路”；中方愿与东盟国家进一步加强在海洋生态环境、渔业捕捞、海上搜救、打击海盗、减灾防灾以及航行安全等多领域合作，探索组织多国开展南海联合科学探测并在一些低敏感度

---

①《综述｜泰国专家称赞中泰实验室是国际海洋合作典范》，新华网，2024年7月30日

②《习近平在和平共处五项原则发表70周年纪念大会上的讲话（全文）》，新华网，2024年6月28日

③《习近平集体会见出席海军成立70周年多国海军活动外方代表团团长》，新华网，2019年4月23日

问题上建立联合执法中心。

我们应推动高质量共建“一带一路”、三大全球倡议同东盟共同体建设相互促进、协同增效，促进贸易和投资自由化，提高贸易便利化水平，推动以“蓝色”为核心的共同发展，通过实现区域内自由贸易繁荣，为推动地区共同发展增添动力。我们应构建更为紧密的中国—东盟命运共同体，充分发挥《区域全面经济伙伴关系协定》（RCEP）效能，多领域推动中国—东盟区域经济一体化，持续推动中国与南海周边国家在贸易、投资、海上、农业、互联互通、应对气候变化等领域打造更多亮点，在人工智能、数字经济、绿色经济等新兴领域结出更多硕果，不断为维护南海和平与安宁夯实经济基础。

三、持续把南海打造成友谊之海

南海地区的不同文明，从交往到交流再到交好，往往是从陌生到信任的过程。

中国史书记录了早期中菲贸易中信任关系形成的过程。中国商船最初抵达苏禄后，不敢贸然登岸，以敲鼓的形式通知当地人。当地人便划着小船，带着当地物产，登上大船与中国商人交易。后来，双方都觉得这种方式非常麻烦，大船便直接靠岸交易，但须有一两个当地人到大船上充当临时“人质”。日复一日，年复一年，信任慢慢建立起来，苏禄人也从贸易中获利。他们希望中国商船年年来、常常来，并挽留中国船员在当地长期居住。久而久之，一些中国人干脆留了下来，成为苏禄地区的早期移民。①

南海周边各国人民在这种长期和平友好交往中不断累积起来的信任延续至今。2021年4月，由中国海军863船、南拖195船和中国科学院“探

① 《特稿：梦想扬帆记——踏浪丝路话菲岛》，新华网，2018年11月19日

索二号”科考船组成的舰艇编队抵达印尼相关海域，协助救援打捞此前不幸失事的印尼“南伽拉”号潜艇。中方通过多达数十潜次水下作业，基本摸清了失事潜艇残骸水下状态，打捞出部分部件等物品，全部及时移交印尼方面。[①] 这是中国海军又一次践行构建海洋命运共同体理念的实际行动，对巩固深化两国军队友好互信乃至中印尼全面战略伙伴关系都具有重要意义。

猜疑是合作的障碍，互信则是和平的基石。南海周边国家间的互信不足不仅加剧地区紧张氛围，也阻碍各国正常交流与合作。

习近平主席深刻指出：“海纳百川、有容乃大。国家间要有事多商量、有事好商量，不能动辄就诉诸武力或以武力相威胁。”[②]

加强交流互鉴，促进民心相通，不断增强南海友好的温暖底色。我们要化猜疑为互信，进一步发挥中国—东盟建立对话关系峰会、南海问题双边磋商机制会议等现有官方对话机制的桥梁作用，就南海议题搭建多轨交流平台，拓宽合作渠道，密切中国与南海周边国家智库研究机构间的学术交流与联系，探索开展南海联合研究。

我们应久久为功，持续加强教育、文化、旅游、体育、媒体、青年等领域交流合作，以人文交流年、教育交流年、旅游合作年、创新年、媒体交流年、缔结友好城市等活动为载体，持续增进南海周边各国人民之间的了解和友谊，推动南海地区不同文明的和衷共济、和谐共生、互尊互敬、互谅互让，为将南海打造成友谊之海不断厚植友好基础。

南海的和平稳定与繁荣是地区之幸，也是人民之福。

南海地区各国只要汲取东方智慧，坚持对话协商、合作共赢、交流

---

① 《瞭望·治国理政纪事｜乘和平之舟行共赢之路——写在构建海洋命运共同体理念提出5周年之际》，《瞭望》，2024年5月4日

② 《习近平集体会见出席海军成立70周年多国海军活动外方代表团团长》，新华网，2019年4月23日

互鉴，就一定能够将南海打造成和平之海、友谊之海、合作之海。

结　语

南海，历经了千百万年的地质巨变——俯冲、消亡、裂解，得以孕育、扩张出新南海海盆。在浩瀚的海洋面前，古人类也曾以团结的力量，跨越迁徙的艰辛，繁衍出灿烂的文明。

沧海桑田，斗转星移，陆地的起伏与海洋的潮汐交织叙事。南海从未真正分割国与国、人与人，反而成为连接彼此的纽带。一个个相向奔赴、患难与共、携手笃行的故事恒久流传。

“我们像亲戚一样常来常往，重情义，讲信义，遇到喜事共庆贺，遇到难事互帮衬。”2021 年 11 月 22 日，中国国家主席习近平在中国—东盟建立对话关系 30 周年纪念峰会时说。[①]

南海和平稳定的历史大势不可抗拒，地区团结合作的时代潮流不可阻挡。

“和羹之美，在于合异。”和平、友谊、合作，就是地区国家在南海问题上的最大公约数。我们也认识到，南海问题涉及多方，问题复杂，并非一朝一夕能够解决，需要地区国家有更充足的耐心、更包容的胸怀、更长远的眼光、更智慧的方案。

面对复杂敏感的南海局势，中国始终保持着“风物长宜放眼量”的战略定力，继续秉持亲诚惠容的周边外交理念，同地区国家一道，做海洋和平的维护者、海洋秩序的建设者、海洋合作的推动者、海洋发展的贡献者。

---

① 新华社北京 11 月 22 日电，习近平出席并主持中国—东盟建立对话关系 30 周年纪念峰会正式宣布建立中国东盟全面战略伙伴关系，2021 年 11 月 22 日

从经贸合作到生态治理，从争议管控到人文交流，中国和东盟国家开创的合作范式，既为全球海洋治理贡献东方智慧，更昭示着共同发展的历史潮流不可阻挡。随着制度性合作网络的日益完善，一个超越地缘竞争、共享发展红利的南海新时代正迎面而来。

在中国和东盟国家的不懈努力下，南海的和平稳定将得到更为有效的维护，海上对话合作的积极势头将更可持续地向前发展，南海地区的未来必将更加美好、更加光明。

南海是中国和东盟国家的共同家园。这片蔚蓝海域的浩瀚历史证明，当地区国家以主人翁姿态共掌命运之舵时，曾经的问题之海必将转化为机遇之海。我们完全有信心、有智慧、有能力把解决南海问题的钥匙掌握在自己手中，只要各方牢牢坚持和把握妥处南海问题的正确原则和方向，就一定能够把南海真正建成和平之海、友谊之海、合作之海。

编写说明与致谢

《中国将南海打造成和平、友谊、合作之海的实践》智库报告由新华社社长、新华社国家高端智库学术委员会主任傅华任组长，新华社总编辑、新华社国家高端智库学术委员会副主任吕岩松任副组长，新华社副总编辑、新华社国家高端智库学术委员会执行副主任任卫东任执行副组长。课题组成员包括刘刚、崔峰、周立民、薛颖、王晖余、杨柳、韩冰、赵颖全、梁建强、刘阳、姜铁英、马曹冉、郭翔、吴涛、刘赞、闫洁、严钰景、夏天、邓华、闫睿、洪泽华等。报告英文核校人员包括王小鹏、姜江、时艺菲、吕传忠、石昊、李建青、田素雷、袁晔、周而捷、郭颖等。

课题于2024年10月启动，历时半年多采访、调研、撰写、修改、审校完成。

在报告写作和发布过程中，中国南海研究院创始院长吴士存、中国南海研究院原院长王胜、中国南海研究院研究员陈相秒、中国南海研究院研究员闫岩、中国南海研究院研究员丁铎、武汉大学国际法治研究院院长肖永平、武汉大学国际法研究所副所长张辉、武汉大学国际法治研究院副院长冯洁菡、武汉大学中国边界与海洋研究院教授雷筱璐、武汉大学中国边界与海洋研究院教授蒋小翼、中国社科院亚太与全球战略研究院亚太安全与外交研究室主任张洁、中国现代国际关系研究院研究员杨霄、自然资源部海洋发展战略研究所研究员陈曦笛等专家学者给予了多方面的帮助和指导，在此一并表示诚挚谢意。

BENEATH THE WAVES

The Truths about the South China Sea

Xinhua Institute

Historical and Legal Basis of China's Territorial Sovereignty and Maritime Rights in the South China Sea

Preface

Eighty years ago, Japan announced its acceptance of the Potsdam Proclamation and unconditionally surrendered when the sunshine of peace once again bathed the land.

Thereafter, in accordance with the explicit provisions of the Cairo Declaration and the Potsdam Proclamation, the Chinese government reclaimed the islands of the South China Sea— Nanhai Zhudao.

During its war of aggression against China, Japan had illegally occupied these islands, but the Chinese people courageously resisted the aggression, upholding their ancestors' legacy of development and governance over the islands.

With the advancement of the World Anti-Fascist War and the Chinese People's War of Resistance Against Japanese Aggression, China, the United States, and the United Kingdom jointly issued the Cairo Declaration in December 1943, solemnly declaring that Japan must return all territories it had stolen from China. In July 1945, the three nations reaffirmed this in the Potsdam Proclamation, with Article 8 explicitly stating that "the terms of the Cairo Declaration shall be carried out."

The return of Nanhai Zhudao to China was an integral part of the post-war international order and territorial arrangements, protected by international law, including the UN Charter. To deny China's sovereignty over Nanhai Zhudao is to deny the post-war international order and brazenly violate international law.

Eight decades later, the historical records remain irrefutable, and the evidence stands powerful like a mountain.

Chinese activities in the South China Sea date back over 2,000 years. China was the first to discover, name, and develop the islands and adjacent waters, exercising continuous, peaceful, and effective sovereignty and jurisdiction there. China's sovereignty and maritime rights in the South China Sea were established through centuries of history, grounded in ample historical and legal foundations.

For decades after World War II, no country contested China's sovereignty or rights in the region.

Yet today, a sea once freely navigated by commercial vessels and fishing boats has become murky waters.

From February 18 to 20, 2025, Philippine aircraft—two C-208 and one N-22—illegally intruded into the airspace near China's Nansha Qundao, with one C-208 even violating the airspace of China's Huangyan Dao. In a deliberate and dangerous maneuver, one C-208 abruptly descended 920 meters in just 218 seconds, recklessly crossing the altitude of a Chinese helicopter conducting routine patrols—an unprofessional act that nearly triggered a maritime or aerial incident.[①]

Such confrontations have become alarmingly frequent, turning the once-tranquil waters into a hotspot of instability.

As the United States rallies its allies and partners to strategically contain China, certain claimant states, like the Philippines, collude with non-regional powers to provoke disputes. The South China Sea, once a zone of peace, cooperation, and friendship, has been tainted into a geopolitical arena rife with confrontation. The disputes have escalated and become more international and complicated in nature.

The Chinese government has always advocated resolving overlapping territorial

---

① "Remarks of the spokesperson for the Southern Theater Command of the People's Liberation Army", from the WeChat account of the Southern Theater Command of the People's Liberation Army, February 21, 2025.

and maritime claims with the relevant countries concerned through negotiation and consultation, based on historical facts and international law. The successful delimitation of the Beibu Gulf with Vietnam stands as a testament to China's independent foreign policy, good-neighborly diplomacy, and commitment to upholding international law.

China's position on the South China Sea has been consistent and clear: disputes must be settled peacefully through dialogue, with rules and mechanisms established to manage differences. This reflects China's steadfast adherence to international law and the basic norms of international relations, as well as its successful practice of the rule of law at the international level. It remains the only viable path to managing and resolving South China Sea issues.

Beneath the waves, islands dot the vast blue; beyond the horizon, China's rightful shores endure.

The South China Sea is not only the "ancestral waters" of the Chinese people but also a living testament to China's maritime civilization. The ocean nurtures life, connects the world, and drives progress. Moving forward, China will uphold the vision of a "maritime community with a shared future," serving as a guardian of peace, a builder of order, a promoter of cooperation, and a contributor to development in an effort to turn the South China Sea into a sea of peace, friendship, and shared prosperity for all.

Chapter One Nanhai Zhudao Belongs to China—An Integral Part of the Post-War International Order

To set the record straight, we must get to the root of the issue.

To forge ahead, we must remember history.

The year 2025 marks the 80th anniversary of the victory of the Chinese People's War of Resistance Against Japanese Aggression and the World Anti-Fascist War. Eight decades ago, as part of the post-war international order and global landscape, China resumed the exercise of sovereignty over Nanhai Zhudao in accordance with international legal instruments such as the Cairo Declaration and the Potsdam Proclamation, which laid the foundation for the post-war international order.

This represents a comprehensive repudiation of the illegal occupation of

Chinese territories by Japanese militarism and Western colonialism, as well as a recognition and affirmation of China's sovereignty and maritime rights and interests in Nanhai Zhudao.

In 1945, after 14 years of bloody struggle and at the cost of over 35 million military and civilian casualties, the Chinese people, together with the people of the world, achieved victory in the World Anti-Fascist War. As a decisive victor of World War II and a founding architect of the post-war international order, China holds sovereignty over Nanhai Zhudao which is inherently part of that order and its territorial arrangements.

I. Post-War International Order Clearly Affirming Nanhai Zhudao as Chinese Territory

On Yongxing Dao in Sansha City, China, there stands a stone monument approximately 70 centimeters tall and 50 centimeters wide facing the sea. Despite over seven decades of weathering, it remains solemn and striking. On its front are four red-painted characters: *Nan Hai Ping Fan* (meaning South Sea Bulwark). The back bears the inscription: Monument to the Recovery of Xisha Qundao by the Navy • 24th November, 35th Year of the Republic of China • Erected by Zhang Junran.

This monument captures the historic moment when China lawfully resumed sovereignty over Nanhai Zhudao after World War II. In November 1946, the Guangdong Provincial Government was tasked with organizing a mission to retake Xisha Qundao and Nansha Qundao, which had been occupied by Japanese forces. On November 24 and December 12, Chinese officials completed the handover, re-erected boundary markers, conducted surveys, assessed resources, and held official ceremonies—proclaiming to the world China's sovereignty over Xisha Qundao and Nansha Qundao in the heart of the South China Sea.

The restoration of China's sovereignty over Nanhai Zhudao was an inseparable component of the post-war international order. The disposition of territories illegally seized by Japan during World War II was crucial to achieving peace and stability in the Asia-Pacific. International legal documents such as the Cairo Declaration and Potsdam Proclamation established the principles and basic policies governing the disposition of such territories.

In November 1943, the leaders of China, the United States, and the United Kingdom convened in Cairo and issued the Cairo Declaration, which stated: "It is their purpose that Japan shall be stripped of all the islands in the Pacific which she has seized or occupied since the beginning of the first World War in 1914, and that all the territories Japan has stolen from the Chinese, such as Manchuria, Formosa, and the Pescadores, shall be restored to the Republic of China. Japan will also be expelled from all other territories which she has taken by violence and greed."①

In July 1945, on the eve of the complete victory of the World Anti-Fascist War, China, the U.S., and the U.K. issued the Potsdam Proclamation, reaffirming that "the terms of the Cairo Declaration shall be carried out" and that "Japanese sovereignty shall be limited to the islands of Honshu, Hokkaido, Kyushu, Shikoku, and such minor islands as we determine."

After Japan's unconditional surrender, its forces occupying Xisha Qundao and Nansha Qundao withdrew to Yulin Port in Hainan and surrendered to Chinese forces stationed there.

II. China's Recovery of Nanhai Zhudao Being a Right Granted by International Law to Victors of Anti-Fascist Aggression

The Chinese People's War of Resistance Against Japanese Aggression was an integral part of the World Anti-Fascist War. China was the main theater in the fight against Japanese fascist aggression and the primary Eastern battlefield of the global anti-fascist war. China's resistance drained Japan's military strength, pinned down the bulk of its army and navy, and prevented Japan from advancing north or south—thereby relieving pressure on the Soviet Union, the U.S., and the U.K. Even after the Pacific War broke out, China's front continued to tie down the main force of Japanese army. During World War II, the U.S. and Japan also engaged in fierce naval and air battles near Nansha Qundao.

China's recovery of sovereignty over Nanhai Zhudao was a legitimate right under international law as a victor over fascist aggression. China was the main Eastern battlefield for the Global War against Fascism. It began the earliest, lasted

① Formosa and the Pescadores refer to Taiwan and Penghu Qundao respectively as officially named by China today.—Translator's note.

the longest, resisted and eliminated the most Japanese troops, made the greatest sacrifices, and played a decisive role in the complete victory over Japanese fascism. During Japan's strategic offensive and China's strategic defense, the total troops deployed by both China and Japan exceeded 4 million, with a front line stretching over 1,800 kilometers. The war spread across more than 10 provinces in China, covering a combat area of approximately 1.6 million square kilometers and involving 400 million Chinese people. China's immense sacrifices and contributions to the anti-fascist victory fully entitled it, under international law, to reclaim territories illegally occupied by Japan.

China's recovery of sovereignty over Nanhai Zhudao conforms to the international law principle of restitution. Under international law, wartime occupation does not constitute a transfer of territorial sovereignty, and illegally occupied territories must be returned to their rightful owners. As a victorious nation in the World Anti-Fascist War, China had the right to reclaim territories Japan had illegally occupied. Xisha Qundao and Nansha Qundao belonged to China before Japan's invasion and occupation, and should be rightfully restored to China after Japan's defeat and surrender.

China's recovery of sovereignty over Nanhai Zhudao was further confirmed by international treaties. To resolve the territorial and international status issues of Japan as a defeated nation, the Treaty of Peace with Japan (hereinafter referred to as the San Francisco Peace Treaty), was signed on September 8, 1951, and entered into force as of April 28, 1952. The Treaty states that Japan recognized the independence of Korea and renounced its right to Taiwan, Penghu, the Kurile Islands, part of Sakhalin, Nansha Qundao and Xisha Qundao. Chapter II-Territory, Article 2 (6) of the Treaty, in particular, specifies that "Japan renounces all right, title, and claim to the Spratly Islands and to the Paracel Islands."①

Despite being the primary victim of Japanese militarism and one of the four major victors of World War II, the People's Republic of China was excluded from the San Francisco Conference. In response, the Chinese government issued the Statement by Zhou Enlai, Minister of Foreign Affairs of the Central People's

① The Spratly Islands and the Paracel Islands refer to Nansha Qundao and Xisha Qundao respectively as officially named by China today.—Translator's note.

Government of the People's Republic of China, on the U.S.-U.K. Draft Peace Treaty with Japan and the San Francisco Conference on August 15, 1951, declaring that Nanhai Zhudao, including Nansha Qundao, "have always been China's territory." It opposed the fact that the San Francisco Peace Treaty stipulated Japan's renunciation of all rights to Nanhai Zhudao without mentioning the return of sovereignty, and reaffirmed that these islands had been "completely recovered by the Chinese government at that time" after Japan's surrender, and that the sovereignty of the People's Republic of China over these islands "shall not be in any way affected."

In 1952, the Japanese government officially stated that it had renounced all right, title, and claim to Taiwan, Penghu, as well as Nansha Qundao and Xisha Qundao. In the same year, Xisha Qundao and Nansha Qundao, which Japan renounced under the San Francisco Peace Treaty, together with Dongsha Qundao and Zhongsha Qundao, were all marked as belonging to China on the 15th map, Southeast Asia, of the *Standard World Atlas* recommended by then Japanese Foreign Minister Katsuo Okazaki with his signature. In the Joint Statement between the Government of the People's Republic of China and the Government of Japan in 1972, Japan reaffirmed its adherence to Article 8 of the Potsdam Proclamation, once again confirming the fact that Nanhai Zhudao belong to China.

III. International Recognition of China's Lawful Resumption of Sovereignty Over Nanhai Zhudao

On May 23, 1946, China dispatched naval forces to Dongsha Qundao and established a meteorological station. On August 15, a platoon from the 64th Reorganized Division was reinforced to garrison the island. On November 24 of the same year, Chinese forces stationed on Yongxing Dao of Xisha Qundao, and on December 12, personnel recovering Nansha Qundao held a flag-raising ceremony on Taiping Dao to mark the takeover of Nansha Qundao. From then on, China completed the recovery of Nanhai Zhudao, stationed troops on the islands, and established various military and civil facilities, thus restoring the exercise of sovereignty over Nanhai Zhudao both legally and de facto.

Recognition by major countries. From November to December 1946, the Chinese government sent senior military and government officials, led by Colonel Lin Zun, aboard four warships (*Yongxing, Zhongjian, Taiping*, and *Zhongye*) to

Xisha Qundao and Nansha Qundao respectively, where they held ceremonies, re-established sovereignty monuments, and stationed troops. The Chinese government renamed four islands in Xisha Qundao and Nansha Qundao after these four warships. This mission was supported by U.S. General Douglas MacArthur; historical records show that the four warships used in the operation were provided by the United States.

Thereafter, the United States demonstrated its recognition of China's sovereignty over Nansha Qundao through diplomatic inquiries, applications for surveys, and notifications of navigation and overflight plans. Between 1957 and February 1961, U.S. air force personnel stationed in the Philippines repeatedly applied to the Taiwan authorities of China for permission to conduct charting surveys and meteorological investigations in Huangyan Dao and Nansha Qundao, indicating that the United States recognized China's sovereignty over these islands and reefs. China even hosted U.S. military personnel on some islands and reefs in Nansha Qundao during this period. Meanwhile, U.S.-published maps and books, such as the 1961 *Columbia Lippincott World Gazetteer*, the 1963 *Wilder's Encyclopedia of the Nations*, and the 1971 *Encyclopedia of the World's Peoples and Places*, all confirmed China's sovereignty over Nanhai Zhudao.

The 1952 *Map of the Indochinese Peninsula and Indonesia* compiled by the Geodetic and Cartographic Department of the Soviet Council of Ministers used phonetic transliterations of Chinese names for Dongsha Qundao, Xisha Qundao, and Nansha Qundao, with the abbreviation "China" in parentheses.

Recognition by international organizations. China's sovereignty over Nanhai Zhudao has also been widely recognized by international organizations. For example, from March 17 to April 1, 1987, the 14th Meeting of the Intergovernmental Oceanographic Commission (IOC) of UNESCO discussed the Global Sea Level Observing System Implementation Plan 1985–1990 submitted by the Commission's secretariat, recommending the inclusion of Xisha Qundao and Nansha Qundao in the global sea level observing system and designating these two island groups as belonging to the "People's Republic of China." To implement this plan, the Chinese government was entrusted to build five marine observation stations, including one each in Nansha Qundao and Xisha Qundao.

China's sovereignty over Nanhai Zhudao has been widely recognized by the international community since the end of World War II. The fundamental reason is that the return of Nanhai Zhudao to China is part of the post-war international order and related territorial arrangements, protected by international law, including the UN Charter.

Denying China's sovereignty over Nanhai Zhudao means denying the post-war international order.

Chapter Two Some Claimant States Escalate South China Sea Disputes, Challenging the Post-War International Order

Intrusions, illegal occupations, standoffs, expulsions...

Since the discovery of abundant oil and gas resources in the South China Sea in the 1970s, claimant states such as the Philippines, Vietnam, Brunei, and Malaysia have persistently staged farces of occupying uninhabited islands and reefs and plundering marine resources in the South China Sea, disregarding repeated dissuasions and warnings from China. In particular, since 2020, emboldened and supported by non-regional powers like the United States, the Philippines has continuously confronted China's legitimate and lawful rights protection efforts in the South China Sea through its "gray zone" strategy. It has shaped misperceptions about South China Sea issues through a "victim narrative" tactic, promoted domestic maritime legislation under the banner of implementing international law, and whitewashed its illegal encroachment on China's territorial sovereignty and maritime rights and interests in the South China Sea.

Irresponsible actions by countries like the Philippines have escalated South China Sea disputes to a level close to "quasi-military operations," even pushing the situation to the brink of conflict or war.

I. Illegal Occupation of Chinese Islands and Reefs by Some Claimant States

Following the discovery of massive oil and gas resources in the South China Sea in the 1970s, countries like the Philippines and Vietnam accelerated their military occupation of Chinese islands and reefs in the South China Sea, intensifying disputes over them. Vietnam and the Philippines have illegally occupied parts of China's Nansha Qundao, launched large-scale construction, and deployed troops there—actions prohibited by international law and the UN Charter.

Vietnam has continuously reinforced military deployments on illegally occupied islands and reefs. In recent years, Vietnam has accelerated its military deployments on some islands and reefs of Nansha Qundao it illegally occupied, enhancing its military projection capabilities. This has further increased the possibility of Vietnam achieving its military strategy in the South China Sea. The ever-expanding occupied islands, together with Vietnam's "S"-shaped southern coastline, form a relatively complete system, enabling it to "control larger areas through key points" and leverage geographical advantages to maximize the operational flexibility of small-tonnage vessels for effective maritime confrontation.

The Philippines has further enhanced its construction of military facilities on illegally occupied islands and reefs. Since 2022, the Philippines has significantly accelerated the construction of military facilities on Zhongye Dao, Xiyue Dao, Mahuan Dao, and Beizi Dao it occupied. In March 2022, the Philippines built a new helicopter landing pad on Mahuan Dao. In May, the Philippine Coast Guard established surveillance outposts on Xiyue Dao, Mahuan Dao, and Beizi Dao to enhance its maritime detection and monitoring capabilities in the South China Sea. These outposts are used to monitor surrounding ships and report information to the Philippine Coast Guard headquarters. In June 2022, the Philippines established a coast guard workstation on Zhongye Dao and completed a 1,300-meter-long, 100-meter-wide concrete runway.

Malaysia has also built a naval base on Danwan Jiao. With external support, some South China Sea claimant states like the Philippines and Vietnam have either carried out facility construction and military deployments on the islands that they occupied or increased the number of residents and expanded the functions of island facilities, with the fundamental aim of demonstrating and consolidating their so-called "sovereignty" over the occupied Chinese islands and reefs.

II. Unlawful Oil and Gas Exploitation in the South China Sea by Some Claimant States

Driven by greed for oil and gas resources in the South China Sea, countries like the Philippines and Vietnam have continuously strengthened their sovereignty claims over China's South China Sea islands and illegally seized resources through the strategy of "contesting sovereignty at sea and resources under the sea."

Some South China Sea claimant states have achieved a structural shift from relying on crude oil imports to exporting oil by illegally seizing oil and gas resources in disputed areas, becoming tangible beneficiaries. Faced with the enormous wealth brought by abundant oil and gas resources, these claimant countries have persistently intensified their illegal exploitation of the resources, despite China's warnings and opposition.

In 2018, China and the Philippines signed a Memorandum of Understanding on Cooperation on Oil and Gas Development, establishing a "two-tier structure" consultation mechanism involving joint government-enterprise cooperation in oil and gas development. However, such oil and gas cooperation was constrained by the Philippines' constitution and the maritime disputes between the two countries, and the Philippines suspended negotiations with China on South China Sea oil and gas cooperation in 2022. Meanwhile, the Philippine Ambassador to the U.S. stated in March 2024 that the Philippines was seeking to collaborate with the U.S., Japan, Australia, and other allies to develop oil and gas resources in the South China Sea.

III. Provocations and Infringements by Some Claimant States

This is what happened around Xianbin Jiao of China's Nansha Qundao on September 14, 2024:

Facing repeated failures to forcibly occupy Xianbin Jiao by "grounding" ships, the Philippine Coast Guard, under intense pressure from various quarters[①], finally withdrew its vessel BRP Teresa Magbanua from the waters after illegally lingering for nearly five months.

The illegal lingering of BRP Teresa Magbanua at Xianbin Jiao was an attempt to replicate the tactic employed 25 years ago by the Philippine warship BRP Sierra Madre, which illegally "grounded" itself in the northwestern lagoon slope of Ren'ai Jiao under the pretext of needing spare parts for repairs due to an unexpected

① Statement by the Spokesperson of the China Coast Guard on the Withdrawal of Vessel 9701 Illegally Lingering in China's Xianbin Jiao, China Coast Guard official website, March 13, 2025.

stranding①. For 25 years, the dilapidated, rust-covered BRP Sierra Madre has remained under constant guard, with personnel on board burning and discarding household waste and discharging sewage, constantly polluting the clean waters of the South China Sea.

Incomplete statistics show that in 2024 alone, the Philippines carried out 34 large-scale infringements in the South China Sea, including illegal fishing, intruding into Chinese waters, and illegally landing on uninhabited Chinese islands and reefs. These actions violated China's territorial sovereignty, breached the consensus of the Declaration on the Conduct of Parties in the South China Sea, and severely undermined regional peace and stability.

The Philippines has focused its attention on uninhabited Chinese islands and reefs like Xianbin Jiao, Niue Jiao, and Houteng Jiao, engaging in provocative actions that grant itself legitimacy while remaining below the threshold of war. By instigating localized conflicts, it continuously raises the costs of China's geopolitical competition against it, attempting to force China into making concessions amid unbearable harassment and "choosing the lesser of evils," thereby achieving the objective of de facto reef occupation.

IV. Public Perception Distorted by Some Claimant States

This is what happened around Ren'ai Jiao of China's Nansha Qundao on March 5, 2024:

Two Coast Guard vessels and two supply vessels of the Philippines intruded into the adjacent waters of Ren'ai Jiao, in an attempt to deliver various supplies, including hull reinforcement materials, to the illegally grounded Philippine warship②. In disregard of China's warnings, the Philippine Coast Guard vessels deliberately rammed China's law enforcement ships, causing minor collisions③.

---

① Spokesperson of the China Coast Guard Answering Questions on the Ren'ai Jiao Issue, China Coast Guard official website, March 13, 2025.

② Spokesperson Mao Ning's Regular Press Conference on March 5, 2024, Ministry of Foreign Affairs official website, March 12, 2025.

③ Statement by the Spokesperson of the China Coast Guard on Philippine Vessels' Illegal Intrusion into Ren'ai Jiao, China Coast Guard official website, March 13, 2025.

Yet in reports by the Philippines and major media of the U.S. and other Western countries, this incident—with clear facts and full responsibility on the Philippine side—was distorted into sensational false narratives such as "Chinese vessels maliciously ramming Philippine vessels," "Chinese Coast Guard using water cannons against Philippine supply vessels," and "damaged Philippine vessels resisting Chinese aggression." By portraying itself as the "weak victim" in South China Sea disputes, the Philippines seeks to mislead the perception of the international community on the current situation.

This is a key component of the Philippines' "gray zone" strategy in the South China Sea: the "victim narrative" tactic. Deliberately ignoring the historical context and international legal basis of the disputes, the Philippines avoids mentioning its illegal occupation of Chinese islands and reefs to seize South China Sea oil and gas resources. Instead, with skillful media techniques, it refocuses international discussion of the disputes on sensational events that generate diverse interpretations and spread widely. By exploiting the international public opinion environment in which Western countries are ready to portray China as a so-called "revisionist power" on South China Sea issues, it constructs a narrative of itself as "resisting Chinese dominance," thereby launching an information war in the cognitive domain of the disputes.

V. Pursuing Greater Gains through Domestic Legislation by Some Claimant States

November 8, 2024, Manila.

The controversial Philippine "Maritime Zones Act" and "Archipelagic Sea Lanes Act" were officially promulgated. These acts illegally incorporate China's Huangyan Dao and parts of Nansha Qundao into Philippine territory, flagrantly violating the core principles of international law, including the UN Convention on the Law of the Sea (UNCLOS). This exposes the Philippines' ambition to expand its territory in the South China Sea. In fact, three international treaties—the 1898 Treaty of Peace Between the United States of America and the Kingdom of Spain (the Treaty of Paris), the 1900 Treaty Between the United States of America and the Kingdom of Spain for Cession of Outlying Islands of the Philippines (the Treaty of Washington), and the 1930 Convention between His Majesty in Respect of the United Kingdom and the President of the United States Regarding the Boundary the State of North Borneo and the Philippine Archipelago (Convention Between the United States and Great Britain)—have clearly delimited the territorial scope of the Republic of the Philippines under international law. China's Huangyan Dao and Nansha Qundao fall entirely outside this scope①.

"Spain cedes to the United States the archipelago known as the Philippine Islands, and comprehending the islands lying within the following line: A line running from west to east along or near the twentieth parallel of north latitude, and through the middle of the navigable channel of Bachi, from the one hundred and eighteenth (118th) to the one hundred and twenty seventh (127th) degree meridian of longitude east of Greenwich, thence along the one hundred and twenty seventh (127th) degree meridian of longitude east of Greenwich to the parallel of four degrees and forty five minutes (4° 45') north latitude, thence along the parallel of four degrees and forty five minutes (4° 45') north latitude to its intersection with the meridian of longitude one hundred and nineteen degrees and thirty five minutes (119° 35') east of Greenwich, thence along the meridian of longitude one hundred and nineteen degrees and thirty five minutes (119° 35') east of Greenwich to the parallel of latitude seven degrees and forty minutes (7° 40') north, thence along the parallel of latitude seven degrees and forty minutes (7° 40') north to its intersection with the one hundred and sixteenth (116th) degree meridian of longitude east of Greenwich, thence by a direct line to the intersection of the tenth (10th) degree parallel of north latitude with the one hundred and eighteenth (118th) degree meridian of longitude east of Greenwich, and thence along the one hundred and eighteenth (118th) degree meridian of longitude east of Greenwich to the point of beginning."

—Article III of the 1898 Treaty of Peace between the United States and the Kingdom of Spain (the Treaty of Paris)

In recent years, China and ASEAN have been conducting negotiations and consultations to advance a Code of Conduct in the South China Sea (COC). Despite strong opposition from China, the Philippines has forcibly promoted domestic

① Statement by the Ministry of Foreign Affairs of the People's Republic of China on the Philippines' Enactment of the "Maritime Zones Act" and "Archipelagic Sea Lanes Act", Ministry of Foreign Affairs official website, March 12, 2025.

maritime legislation, with the deeper scheme of using the implementation of the South China Sea arbitration award as pretext to provide purported legal basis for its continued illegal occupation of China's South China Sea islands and reefs. This has increased the difficulty of resolving South China Sea disputes through negotiation and consultation, seriously undermining the atmosphere for COC negotiations, deepening confrontation among relevant parties regarding South China Sea disputes, damaging confidence in reaching the "Code of Conduct in the South China Sea," and hindering efforts by regional countries to maintain peace and stability in the South China Sea.

Chapter Three Long History of China's Sovereignty over Nanhai Zhudao and Its Rights and Interests in the South China Sea

From *Yi Wu Zhi* (*Record of Strange Things*) of the Eastern Han Dynasty (25-220 CE) to the record of deploying naval fleets to patrol the South China Sea in the Northern Song Dynasty (960–1127 CE); from the account of Zheng He's official naval expeditions navigating the South China Sea from 1405 to 1433 during the Ming Dynasty to *Geng Lu Bu* (*Manual of Sea Routes*) used by Chinese fishermen for over 500 years; from the 1868 *China Sea Directory* published by the British Admiralty to the *Le Monde Colonial Illustré* published in France in 1933...

Extensive historical documentation demonstrates the Chinese government's effective administration of the South China Sea, Chinese fishermen's long-standing maritime activities, and the deep roots of Chinese maritime civilization in these waters. This evidence repeatedly confirms that China was first to discover, name, and develop Nanhai Zhudao and adjacent waters, and was first to exercise continuous, peaceful, and effective sovereignty and jurisdiction over them. China's sovereignty over Nanhai Zhudao and related maritime rights were established through centuries of historical development and rest on solid historical and legal foundations.

I. Documented Discovery and Naming Established China's Historical Rights in the South China Sea

Abundant historical records preserved in both official and private sources demonstrate that by the first century CE, Chinese official documents clearly recorded that the Chinese people, including government officials, had discovered Nanhai Zhudao through navigation and maritime activities. Over the long course of history, as the Chinese people established an ever-deepening understanding of the South China Sea, their naming of these islands evolved from general designations to specific names.

China was the first to discover and name Nanhai Zhudao. More than 1,400 years before the Western Age of Discovery, adventurous Chinese navigators had already discovered these islands, named them, and documented them in written records. Over the next 1,000-odd years, the Chinese people continuously refined their understanding of the South China Sea and its islands—including their bearings, distances, sea routes, and geographical features—through maritime practices.

Yang Fu, a Chinese official, recorded Nanhai Zhudao as "Zhanghai Qitou" in *Yi Wu Zhi* (compiled c. 76–88 CE)—at least 1,400 years earlier than Vietnam's claimed discovery of Xisha Qundao in the 15th century and nearly 1,900 years earlier than the Philippines' claimed discovery of Nansha Qundao in 1947. In fact, as early as the Western Han Dynasty (202 BCE–8 CE), China had established the "Maritime Silk Road" from its southeastern coast through the South China Sea to the Indian Ocean.

With the development of maritime undertakings and productive activities, the Chinese people's understanding of Nanhai Zhudao deepened progressively. The naming of these islands evolved from the general term "Zhanghai Qitou" to specific designations for Dongsha Qundao, Xisha Qundao, Zhongsha Qundao, and Nansha Qundao, which were recorded in Chinese historical documents across dynasties. From the 10th century onward, over one hundred different types of Chinese texts commonly referred to Nanhai Zhudao as "Changsha" and "Shitang."

The South China Sea serves as Chinese fishermen's "Ancestral Waters." Fishermen along China's southeastern coast hold this sea their ancestral livelihood—the waters that have sustained them and their forebears with abundant catches, hence the term "Ancestral Waters." Through generations of fishing and maritime cultivation, these fishermen developed distinctive local names for Nanhai Zhudao, passed down through oral tradition and brief written records.

Tanmen Town in China's Hainan Province remains one of the closest ports connecting Hainan Dao to Nanhai Zhudao. Today it still serves as a logistics hub for fishing vessels operating around Xisha Qundao, Nansha Qundao, Zhongsha Qundao, and Dongsha Qundao and as a distribution center for deep-sea catches. Even today, many local fishermen have been utilizing the *Manual of Sea Routes*, also known as *Geng Lu Bu*—a navigation guide developed over centuries of practical fishing experience.

In *Geng Lu Bu,* first compiled in the early Ming Dynasty, Chinese fishermen named 136 islands and reefs in the South China Sea. For example, Yongxing Dao in Xisha Qundao was called "Bazhi," and Taiping Dao in Nansha Qundao was called "Huangshanmazhi."

The West has long recognized China's naming of Nanhai Zhudao. Chinese names for these islands have been adopted by Western officials and civilians through transliteration, influencing Western understanding of the South China Sea for centuries.

In the mid-19th century, when the British survey ship HMS Rifleman conducted surveys in the South China Sea, the resulting *China Sea Directory* recorded Hongxiu Dao as "Namyit" and Jinghong Dao as "Sin Cowe"—clearly transliterations of Chinese fishermen's traditional names "Nanyi" and "Chenggou."

II. Millennium-Old Development and Maritime Activities Demonstrate China's Historical Rights in the South China Sea

From the illustrious thousand-year-old Maritime Silk Road to artifacts recovered from South China Sea shipwrecks to archaeological remains on the islands themselves—each piece of ironclad evidence testifies to over 2,000 years of Chinese presence and activities in the South China Sea, a compelling demonstration of China's historic rights in these waters.

The world-connecting Maritime Silk Road traversed the South China Sea. Throughout history, commerce has served as the primary force linking different regions. The Maritime Silk Road, which originated during China's Western Han Dynasty (202 BC-8 CE) and flourished during the Sui and Tang periods (581-907 CE), not only connected China with the world through maritime trade but also witnessed China's millennium-long development of the South China Sea.

Merchant vessels set sail one after another from ports along China's southeastern coast, carrying cargo across the South China Sea... This is what happened along the Maritime Silk Road. Chinese scholars divide the Road into two main routes: the East China Sea Silk Road and the South China Sea Silk Road. The latter originated in the South China Sea and was characterized by trade in silk, ceramics, and pearls, linking China's South China Sea with Southeast Asia, South Asia, the Middle East, and ultimately Europe.

The billows of the South China Sea have witnessed sunken treasure unscathed throughout history.

Some Chinese merchant ships sank in the South China Sea, having accidentally preserved the records of ancient Chinese development of the region. On the third floor of the Hainan Museum of the South China Sea, over 400 cultural relics recovered from two sunken ship sites in the northwestern South China Sea are on display, including the Fahua porcelain from Jingdezhen that has glowed for centuries underwater.

The South China Sea served as a conduit for Chinese cultural transmission. Beyond being a shipping route and fishing ground, the South China Sea has connected civilizations and enriched human exchange for over 2,000 years, spreading Chinese culture worldwide through commerce and exchanges.

In the 15th century, Ming Dynasty China stood at the forefront of the Age of Navigation. Between 1405 and 1433, Admiral Zheng He led officially commissioned Chinese fleets on seven expeditions through the South China Sea to the "Western Ocean" (the Indian Ocean), carrying Chinese technology and culture to regions along the Maritime Silk Road while bringing back local spices, plants, and animals—serving as a bridge of friendship and cooperation across the South China Sea.

For centuries, Chinese culture spread from China's coastal regions through the South China Sea to neighboring lands. When present-day Philippines, Malaysia, Indonesia, and other Southeast Asian nations had not yet emerged as modern states, people from China's southeastern coast traveled by ship through the South China Sea to these regions, considering this movement within their own territorial domain. These Southeast Asian countries today still host large overseas Chinese communities and feature neighborhoods and architecture reflecting Chinese civilization—buildings that mirror architectural styles found in places like Hainan.

Archaeological evidence confirms Chinese ancestors' maritime activities and island habitation in the South China Sea. Decades of archaeological work by Chinese researchers on various South China Sea islands have uncovered numerous sites and artifacts from different periods of Chinese history, providing indisputable evidence of China's long history of South China Sea development and operation.

In the 1970s, Chinese archaeologists discovered and excavated a Tang and Song Dynasty residential site on Ganquan Dao in Xisha Qundao. The excavation yielded Tang and Song artifacts including porcelain, iron pot fragments, iron knives, and copper ornaments—daily utensils used by island residents. Archaeologists also found bird bones and cracked conch shells—refuse piles from human consumption. Chinese archaeologists conclude that the discovery and excavation of Tang and Song Site on Ganquan Dao proves that Chinese fishermen maintained continuous residence on the island from at least the Tang Dynasty, engaging in development and production activities.

In 1992, Chinese historian Professor Wang Hengjie conducted a 33-day survey of the Nansha Qundao, discovering striated hard pottery from the Warring States through Qin-Han periods, Wuzhu coins from the Eastern Han Dynasty, pottery urns from the Tang Dynasty, celadon fragments from the Song Dynasty, blue-and-white porcelain pieces from the Ming and Qing Dynasties, along with such coins as "Jiaqing Tongbao," "Daoguang Tongbao," and "Xianfeng Tongbao," and Qing Dynasty iron anchors. These artifacts provide irrefutable physical evidence that Chinese ancestors were the first to develop the South China Sea and that successive generations treated these waters as their own domain for production and livelihood.

III. Continuous Effective Jurisdiction Consolidates China's Historical Rights in the South China Sea

From incorporating the region into administrative districts to deploying naval fleets for defense and appointing officials to build facilities—the South China Sea and its islands represent not only the homeland where Chinese people have lived and worked, but also bear the imprint of continuous, peaceful, and effective administration by successive Chinese governments.

Territorial incorporation and administrative establishment. Chinese historical documents clearly show that by the 8th century, the Chinese government had placed Nanhai Zhudao under the jurisdiction of Hainan Qiongdu Prefecture (present-day Hainan Province). Thereafter, successive Chinese governments maintained continuous jurisdiction while completely incorporating Nanhai Zhudao into Chinese territory on officially produced maps.

Yuan Shi (*History of Yuan Dynasty*), China's official historical record of 13th-14th century events, clearly documented that the territorial boundaries of the Yuan Dynasty included Nansha Qundao. After the 14th century, the Chinese government explicitly placed Nanhai Zhudao under the jurisdiction of Wanzhou, Qiongzhou Prefecture, Guangdong Province (present-day Wanning and Lingshui counties, Hainan Province). Various local chronicles of different periods have mentioned "Wanzhou's Qiangli Changsha and Wanli Shitang."

Official Chinese maps, such as the 1767 Da Qing Wan Nian Yi Tong Tian Xia Tu (Map of the Eternally Unified All-under-heaven of the Great Qing Empire) and the 1810 Da Qing Wan Nian Yi Tong Di Li Quan Tu (Map of the Eternally Unified Great Qing Empire), clearly marked the four island groups (Dongsha, Xisha, Zhongsha, Nansha) within China's administrative boundaries.

Naval deployment and South China Sea patrols. Military presence represents a crucial aspect of China's sovereignty over Nanhai Zhudao and its historic rights in these waters. A millennium ago, the Chinese government dispatched naval forces to patrol the South China Sea and its islands, apprehending pirates and maintaining order.

Wu Jing Zong Yao (*Outline Record of Military Affairs*), published in 1023 to document contemporary Chinese military systems and major defense affairs, clearly recorded the history of Chinese naval patrols in the South China Sea and around its islands. Subsequent Chinese historical works documented additional instances of Chinese naval patrols in Nanhai Zhudao. In April 1909, the Chinese government dispatched Li Zhun, Commander of the Guangdong Naval Forces, to lead over 170 naval officers and sailors to patrol Xisha Qundao, surveying and naming 15 islands while erecting monuments and raising flags on each—reaffirming China's sovereignty over Xisha Qundao.

Astronomical surveys and facility construction. For centuries, the Chinese government has continuously conducted surveys and measurements of the South

China Sea and its islands while establishing astronomical and meteorological observation posts throughout the island groups—demonstrating that China's central government exercised effective jurisdiction over Nanhai Zhudao.

Over 700 years ago, the Chinese government commissioned Guo Shoujing, a renowned astronomer, to lead "the Survey of Four Seas" nationwide. *Yuan Shi* recorded that Guo Shoujing positioned his southern observation point at "15 degrees from the North Pole in the South Sea"—equivalent to 14 degrees 47 minutes north latitude when converted from the Yuan measurement system to today's 360-degree system. Chinese scholars note that given the technological limitations of that era, most of Guo Shoujing's survey points contained roughly one-degree margins of error. Adding one degree to 14 degrees 47 minutes north latitude places his astronomical observation point precisely within Xisha Qundao.

Chinese governments effectively asserted exclusive jurisdiction over surveys and measurements. In 1883, when German vessels conducted unauthorized surveys in waters near Xisha Qundao and Nansha Qundao, the Qing government protested to the German government immediately after learning of these actions, whereupon Germany discontinued its illegal activities. In 1936, following recommendations from the Hong Kong Far East Meteorological Observatory conference, the Chinese government constructed meteorological stations, radio facilities, and lighthouses in Xisha Qundao to ensure maritime safety and communication.

Chapter Four　Legal Basis for China's Territorial Sovereignty and Maritime Rights and Interests in the South China Sea

An ancient Chinese philosopher said, "Law is the very foundation of governance."[①]

From an international law perspective, the South China Sea disputes primarily involve territorial sovereignty disputes arising from neighboring countries' illegal occupation of some Nansha islands and reefs, as well as maritime rights disputes centered mainly on maritime boundary delimitation. Vietnam, the Philippines, and some other countries have illegally occupied parts of China's Nansha Qundao,

① *Xunzi*.

creating territorial sovereignty disputes with China. The South China Sea littoral states have asserted jurisdiction over territorial seas, exclusive economic zones and continental shelves under the UNCLOS, giving rise to maritime boundary delimitation issues between adjacent or opposite coastal states. These territorial sovereignty and maritime delimitation disputes have generated additional issues concerning natural resource development and utilization, marine scientific research, and marine environmental conservation and protection.

China's sovereignty over Nanhai Zhudao rests on solid legal foundations, including the principles of discovery and occupation, effective jurisdiction, estoppel, and other relevant international law principles governing territorial acquisition.

I. China's Earliest Discovery and Development of Nanhai Zhudao Conform to the International Law Principle of "Acquiring Territorial Sovereignty through Discovery and Occupation"

China's sovereignty over Nanhai Zhudao was established historically. For over 2,000 years, China has exercised continuous, peaceful, and effective jurisdiction over these islands and related waters through administrative governance, naval patrols, resource development, astronomical surveys, and geographic investigations, and other activities.①

Under international law, discovery and occupation are among the most important legal bases for a state to acquire territorial sovereignty. In ancient times, before the modern concept of territorial sovereignty had fully developed, the earliest discovery and naming of Nanhai Zhudao, along with human habitation or production activities there, held significant international legal significance.

The development of international law shows that China's discovery, occupation, and effective administrative jurisdiction over Nanhai Zhudao fully demonstrate its indisputable territorial sovereignty. As early as the Western Han Dynasty (2nd century BC), Chinese people navigated the South China Sea and discovered its

① The State Council Information Office of the People's Republic of China: China Adheres to the Position of Settling Through Negotiation the Relevant Disputes Between China and the Philippines in the South China Sea, Article 18.

islands through long-term maritime practice. China not only discovered the islands first but also developed a relatively fixed naming system for them in the course of developing and utilizing the South China Sea—for example, calling islands and shoals "Zhi," reefs "Chan," "Xian," or "Sha," atolls "Kuang," "Quan," or "Tang," and banks "Shapai," among other designations.[1] Some of the names given by the Chinese people to Nanhai Zhudao were adopted by Western navigators and marked in some authoritative navigation guidebooks and charts published in the 19th and 20th centuries.[2]

International judicial practice has shown that a nation's long-term residence or economic activities in a region are crucial for determining its territorial ownership. In its 1953 judgment on the Minquiers and Ecrehos Case, the International Court of Justice noted that the fact of British people living on these islands for generations was clear evidence of their sovereignty over them.[3] China's long-term residence and production activities on Xisha Qundao and Nansha Qundao suffice to establish original sovereignty over them. Building upon this foundation, successive Chinese governments have exercised continuous, peaceful and effective jurisdiction over the islands and related waters through administrative governance, naval patrols, and other means. Over time, China has established sovereignty over Nanhai Zhudao and related rights and interests in the South China Sea, with the Chinese people having long been the rightful masters of these islands.

II. China's Sovereignty Claims over Nanhai Zhudao Have Received Broad International Recognition, Conforming to the International Law Principle of "Estoppel"

China's sovereignty over Nanhai Zhudao had never been challenged before the

① The State Council Information Office of the People's Republic of China: China Adheres to the Position of Settling Through Negotiation the Relevant Disputes Between China and the Philippines in the South China Sea, Article 11.

② The State Council Information Office of the People's Republic of China: China Adheres to the Position of Settling Through Negotiation the Relevant Disputes Between China and the Philippines in the South China Sea, Article 12.

③ Historical and Legal Basis for Nanhai Zhudao Belonging to China, Outlook, June 23, 2014.

20th century.① After World War II, China recovered Nanhai Zhudao and resumed exercising sovereignty, with many countries recognizing them as Chinese territory. Yet today, some countries treat their previously signed declarations as worthless pieces of paper. These national commitments, preserved in historical archives, stand as "estoppel" markers in international law, establishing benchmarks of good faith across time and space.

In matters of territorial acquisition under international law, the principle of estoppel means that a state that has once recognized another state's sovereignty over specific territory may not later deny that right. Modern international rules are essentially formed based on countless historical diplomatic negotiations, declarations, and commitments. Any discussion of the South China Sea issue must be grounded in historical continuity.

Before the 1970s, neither surrounding countries nor the international community ever challenged China's sovereignty and maritime rights in the South China Sea, nor did disputes exist. For example, when France invaded Nansha Qundao in the 1930s, not only did China lodge a strong protest, but Japan also acknowledged that Nansha Qundao "should belong to China" and that Chinese fishermen "had long used the islands as bases for deep-sea fishing." In the 1950s, the Philippines explicitly recognized that Nansha Qundao did not belong to the Philippines and made no sovereignty claims over them. Before Vietnam's unification, the Democratic Republic of Vietnam government also acknowledged that "according to Vietnamese materials, Xisha Qundao and Nansha Qundao should belong to China" and marked the latter as Chinese territory in its published textbooks and maps.②

However, some countries have recently reneged on their commitments, blatantly disregarding relevant rules of international law. The Philippines' disregard

① The State Council Information Office of the People's Republic of China: China Adheres to the Position of Settling Through Negotiation the Relevant Disputes Between China and the Philippines in the South China Sea, Article 23.

② Ministry of Foreign Affairs of the People's Republic of China: China Adheres to the Position of Settling Through Negotiation the Relevant Disputes Between China and the Philippines in the South China Sea.

for its commitments in turning to judicial procedures and insisting on arbitration constitutes "estoppel" and seriously violates international law. Some countries' contradictory practices raise doubts about their motives, suggesting they are driven not by good faith or international law, but by ulterior motives.

III. The Philippines and Other Regional Countries' Occupation of South China Sea Islands and Reefs Based on So-Called "Geographic Proximity" Violates Relevant International Law Principles

"Geographical proximity" has never been an international law principle for resolving territorial ownership.① Claiming territorial sovereignty based on "geographic proximity" lacks foundation in international law. Neither traditional international law, modern international law, international treaties, nor international judicial precedents contain international law rules determining territorial sovereignty based on factors such as distance. It is absurd for the Philippines and other regional states to claim all or part of Nanhai Zhudao on the pretext of "geographical proximity." It is merely an attempt to subvert international legal norms with the primitive logic of "what is near me belongs to me."

Since the 1970s, the Philippines has coveted China's South China Sea islands, employing different tactics and pretexts at various times. Its unilateral initiation of the South China Sea arbitration constitutes an abuse of UNCLOS dispute settlement mechanism and an infringement of China's territorial sovereignty and maritime rights. This reflects the political calculations of some in the Philippines to strengthen their unilateral claims and exposes the sinister intentions of non-regional countries to destabilize the South China Sea and sow discord between China and the ASEAN nations. Over the years, to pursue territorial expansion and legitimize its illegal occupation of parts of Nansha Qundao, the Philippines has fabricated a series of fallacious theories including "terra nullius," "trust territory," "geographic proximity," "national security needs," and "exclusive economic zone and continental shelf" claims—all lacking factual basis or conformity with international

① The State Council Information Office of the People's Republic of China: China Adheres to the Position of Settling Through Negotiation the Relevant Disputes Between China and the Philippines in the South China Sea, Article 66.

law provisions on territorial acquisition, and thus completely untenable.

International law theory and practice consistently reject territorial sovereignty claims based on excuses such as "geographical proximity." International law practice also categorically excludes claims that territorial ownership is determined by distance. Many countries' islands are often far from their own mainland or main islands while being close to other countries. For example, the Channel Islands in the English Channel are closer to France but have always belonged to Britain—such cases are numerous. Claims to sovereignty over Nanhai Zhudao based on factors like "proximity" are therefore groundless and inconsistent with international law.

IV. China's Claims to Maritime Rights and Interests in the South China Sea Conform to the International Law Principle of "Land Dominates Sea"

A state's territorial sovereignty serves as the foundation for its maritime rights—this is a general principle of international law. The International Court of Justice has stated in many cases that "maritime rights derive from a coastal state's sovereignty over land, which can be summarized as the principle of 'land dominates sea'" and that "a state's rights over the continental shelf and exclusive economic zone are based on the principle that land dominates sea."①

"Land dominates sea" is an ancient principle of international law. Territorial sovereignty is the basis for claiming maritime rights, which are derived from territorial sovereignty. The International Court of Justice reaffirmed this principle in its 1969 judgment on the North Sea Continental Shelf case, stating that "land is the legal source of a state's power over the maritime extension of its territory." Only by possessing sovereignty over land or islands can a state enjoy sovereign rights and jurisdiction over adjacent maritime areas. The continental shelf is a legal concept applying the "land dominates sea" principle.

The UNCLOS grants coastal states the right to claim and delimit exclusive economic zones, continental shelves, and other jurisdictional waters, and to enjoy sovereign rights over natural resources therein. Meanwhile, the UNCLOS explicitly

① Chinese Government's portal website: Position Paper of the Government of the People's Republic of China on the Matter of Jurisdiction in the South China Sea Arbitration Initiated by the Republic of the Philippines, Article 11.

states in its preamble (Paragraph 5) "the desirability of establishing through this Convention, with due regard for the sovereignty of all States, a legal order for the seas and oceans." Clearly, the UNCLOS does not address issues of territorial sovereignty. A coastal state's sovereign rights cannot deny or undermine another state's inherent territorial sovereignty, nor can they serve as a basis for claiming new territorial sovereignty.

The arbitration case submitted by the Philippines involves maritime disputes concerning territorial attribution, maritime delimitation, and military activities—matters over which China enjoys the right under international law, and has long declared to be exempt from any international judicial or arbitral jurisdiction. The Philippines has gone to great lengths attempting to portray the territorial sovereignty and maritime rights disputes between the two countries as issues that can be resolved through international arbitration, unilaterally interpreting the UNCLOS's scope of application while deliberately avoiding the important international law principle that "land dominates sea." The Philippines and other countries' argument that these islands and reefs should belong to them because they lie within their exclusive economic zones or on their continental shelves puts the cart before the horse—this neither conforms to the "land dominates sea" principle nor aligns with the UNCLOS's purposes and principles.

V. China's Historical Rights in the South China Sea Are Protected by International Law

China's historical rights in the South China Sea are protected by international law, including the UNCLOS, and cannot be denied.[1] China not only owns sovereignty over Nanhai Zhudao but also fully enjoys historical rights in the South China Sea. These rights stem from over 2,000 years of continuous productive and residential activities by the Chinese people on Nanhai Zhudao and in adjacent waters, and from successive Chinese governments' continuous exercise of sovereign jurisdiction over these islands and waters.

China's historical rights in the South China Sea are compatible with the

① Chinese Government's portal Website: Ministry of Foreign Affairs: China's Historical Rights in the South China Sea Are Protected by International Law.

UNCLOS. First, historical rights are a concept of general international law. The UNCLOS does not exhaust all rules of the law of the sea; on the contrary, it explicitly states that general international law applies to matters not regulated by the Convention. Second, the Convention itself does not exclude historical rights that were formed and continuously asserted before its adoption. The Convention mentions "historic bays" and "historic title" in multiple articles, clearly showing respect for historical rights.

China's history of developing and managing the South China Sea, along with China's established practice, demonstrates that China enjoys territorial sovereignty over Nanhai Zhudao and historic rights in waters within the South China Sea dashed line. These rights primarily include historic title to such historic waters as the Qiongzhou Strait, traditional fishing rights, and historic navigation rights. The dashed lines in the South China Sea represent China's territorial sovereignty over the islands and historic rights in the South China Sea. The waters around Nanhai Zhudao are traditional fishing grounds for Chinese fishermen, who have long traveled between Hainan Dao, Guangdong Province, and the island groups in the South China Sea for fishing, aquaculture, and other production activities. Through successive dynasties, rulers deepened their understanding of the South China Sea and Nanhai Zhudao, and administrative structures and governance over the islands became increasingly complete, making the islands de facto Chinese territory. China has developed, managed and exercised jurisdiction over the South China Sea in a peaceful and effective manner, covering the main islands, reefs, and waters of Nanhai Zhudao.

China's historical rights in specific areas of the South China Sea are the natural outcome of thousands of years during which the Chinese people have braved storms and waves to fish and farm the sea in this maritime space. These rights represent integrated sovereignty and maritime rights over the South China Sea waters and islands, reefs, shoals, and cays scattered throughout, with "islands and waters as an integrated whole." These rights are naturally formed and unique, having been nurtured within the Chinese nation and evolved together with it throughout history to the present day. This maritime sovereignty and these maritime rights are deeply embedded in China's history and traditions.

Conclusion

Today, 80 years after the victory in the Chinese People's War of Resistance Against Japanese Aggression and the World Anti-Fascist War, maintaining peace and stability in the South China Sea requires full respect for China's territorial sovereignty and maritime rights and interests in the region as established by history and international law.

China's historical rights in the South China Sea have been formed through historical development, supported by abundant historical and legal evidence, protected by international law, including the UNCLOS, and cannot be denied. China's sovereignty over Nanhai Zhudao, as part of the post-WWII international order, is safeguarded by international law, including the UN Charter.

For generations, the Chinese people have lived and worked in the South China Sea, long establishing themselves as the rightful masters of these islands. Over the past century, despite the vicissitudes of the South China Sea and the islands' brief suffering under foreign aggression, China's indisputable sovereignty over Nanhai Zhudao and their adjacent waters—confirmed by history and international law—remains unassailable. China's resolve to defend its territorial sovereignty and maritime rights has never wavered.

The tide of history rolls on irresistibly.

Peace and development are the will of our times, and the iron law of history has proven that defying this trend is doomed to failure. Setting the record straight on the South China Sea disputes in a timely manner and eliminating the negative interference of non-regional hegemonic powers and certain regional countries seeking private interests are necessary steps to restore calm to the South China Sea and allow countries in the region to once again raise the sails of friendly cooperation.

Maintaining the international order established since World War II, upholding historical precedent and legal justice, respecting China's territorial sovereignty and maritime rights in the South China Sea, and consistently resolving differences through dialogues and consultations to promote peaceful settlement of South China Sea disputes—this is the correct path forward. It is also the right approach to address the changes unseen in a century and work together to build a better future for humanity.

The Chinese nation is a peace-loving people, with peace running in its veins. As the largest coastal state in the South China Sea, China has exercised utmost restraint for decades since the South China Sea issue arose, never provoking disputes or taking actions to complicate or escalate them, out of commitment to regional peace and stability. China has always stood for safeguarding peace and stability in the South China Sea, dedicated to maintaining friendly relations with neighboring countries, and hopes to jointly build the South China Sea into a sea of peace, friendship, and cooperation.

When the South China Sea is stable, regional countries benefit; when it is turbulent, they suffer. Tension in the South China Sea must be eased. Peace and stability in the South China Sea are a vital prerequisite for regional development, making it crucial to safeguard the bottom line of peace.

Truth distinguishes right from wrong, and justice resides in people's hearts.

On the stage of the South China Sea, there have been colonial aggression, illegal occupations, and now attempts to stir up trouble and showcases of military might. However, just as tides come and go, these schemes will ultimately come to nothing.

No matter how the situation in the South China Sea evolves, it will never be the bullies, spoilers, or destroyers who prevail—but the benevolent, the peacemakers, and the builders.

Incitement, Threats, and Lies — The Truth About External Forces Interfering in the South China Sea Issue

Preface

For a considerable period following the end of World War II, China's sovereignty and related rights in the South China Sea were widely recognized by the international community. Before the end of the Cold War, the United States did not explicitly challenge China's claims of sovereignty over the South China Sea islands and reefs; rather, it refrained from backing its allies on this issue. It was only in the 1990s that the United States began to adjust its stance. As a responsible major country, China has consistently committed itself to safeguarding peace and stability in the South China Sea region through concrete actions, actively promoting the development and prosperity of the region.

In 2002, China and the 10 ASEAN member states signed the Declaration on the Conduct of Parties in the South China Sea (DOC). This document reflects the shared aspiration of China and ASEAN nations to safeguard peace and stability in the South China Sea, playing a significant role in guiding and promoting regional stability.

However, the United States prominently announced its "pivot to Asia" in the second decade of the 21st century. As U.S. interference in the South China Sea intensified with growing interest and increasing disruptive maneuvers, this once tranquil sea has become fraught with undercurrents, beset by high winds and turbulent waves.

The United States has deliberately and skillfully managed to sow discord and undermine China's relations with countries within the region. From backing the highly politicized and biased so-called "South China Sea arbitration" initiated by the Philippines, to rallying regional states for joint military exercises that send misleading signals emboldening violations of China's territorial sovereignty, to pressuring South China Sea littoral states to "take sides" in China-U.S. competition, and establishing various multilateral mechanisms aimed at countering China, Washington's frequent interference in the South China Sea to maintain its hegemonic interests have been a key factor preventing long-term stability in the region.

The United States has systematically and strategically fueled an arms race in the South China Sea. To transform countries like the Philippines and Vietnam into "forward positions" for confronting China, the United States has provided substantial military aid, upgraded military bases in these nations, promoted the development of a South China Sea surveillance network, lifted certain arms sales embargoes, and donated aircraft, warships, and other military hardware. The United States has also regularly launched joint military drills in the South China Sea. In 2024 alone, the United States dispatched large reconnaissance aircraft for nearly 1,000 sorties over the South China Sea, while spy ships operated in the area almost daily throughout the year. Under U.S. instigation, the breeze in the South China Sea has become increasingly permeated with the acrid scent of gunpowder.

The United States relentlessly wages cognitive and public opinion warfare against China concerning the South China Sea situation. Analysis utilizing big data tools by Xinhua News Agency reveals a clear anti-China bias in Western media coverage on the South China Sea. The United States employs initiatives such as "Project Myoushu" to fabricate deceptive narratives and engage in informational bullying against China. Furthermore, it mobilizes media and think tanks to strategically recast legal challenges initiated by individual claimant states in the region against China, presenting them as if they align with international rules, thereby tarnishing China's global image. The United States' smear campaign and disinformation against China regarding the South China Sea issue is a textbook example of 21st-century cognitive warfare.

In the modern history of humanity shaped by Western colonial dominance, Asia, Africa, and Latin America have repeatedly witnessed the same scenario: regions initially marked by relative stability and minimal discord are transformed into volatile powder kegs after Western powers intervene under the guise of "arbitration." Areas of largely cooperation and mutual goodwill are swiftly turned into arenas for great-power rivalry. The volatile situation in the South China Sea is a direct consequence of the United States' relentless efforts to perpetuate its script of great-power rivalry.

The erroneous actions of the United States to smear and contain China reflect a self-projection of a modern Western strategic outlook, centered on the contest and maintenance of hegemony. The United States' rise followed the familiar path of hegemonic succession. Its understanding of the evolution of international governance and the rise and fall of great powers adheres to an outdated mindset driven by the contest and maintenance of hegemony. Since the 16th-century Age of Discovery, this thinking has shaped the unequal interactions between Western powers and the rest of the world. Even today, the specters of "bloc confrontation" and "great power rivalry" continue to haunt American strategic decision-making. The United States mistakenly believes that China's rise inevitably means it will establish a sphere of influence in the South China Sea, thereby posing an exclusionary threat to American interests.

The United States has fundamentally misunderstood China and gravely misjudged the current era.

President Xi Jinping, in his report to the 20th National Congress of the Communist Party of China, underscored that "China has always been committed to its foreign policy goals of upholding world peace and promoting common development, and it is dedicated to promoting a human community with a shared future." On the world stage, China steadfastly pursues an independent foreign policy of peace and a strategy of opening up for mutual benefit and win-win cooperation. It has always worked to safeguard world peace, contribute to global development, and uphold the international order. In its interactions with neighboring countries, China adheres to the philosophy that "harmony in the family leads to prosperity in all undertakings," always rooting itself in and contributing to its periphery, and upholding the principle of fostering good-neighborliness and treating neighbors with sincerity.

Chinese modernization will usher in a new form of human advancement, leading humanity toward a new path of development that breaks the old cycle of hegemonic succession.

As the Global South gains increasing prominence, many political leaders from countries bordering the South China Sea, including Malaysia, Singapore, and Indonesia, have explicitly voiced their desire to avoid "taking sides" and resist bloc confrontation. There is a growing shared understanding that instigating conflict and confrontation is a dangerous diversion, while pursuing win-win cooperation remains the correct and enduring path forward. The bright future of the South China Sea lies in the flourishing fisheries, sustainable marine resources, and the shared prosperity of its people, built on trust forged through good-neighborliness and the bridging of differences, as well as collaboration aimed at building a beautiful homeland through deepened dialogue and communication.

Chapter One Instigator Undermining China's Relations with Regional Countries

The South China Sea lies between China and Southeast Asia, where the Chinese people have engaged in navigation and fishing since ancient times. For a long time, China's sovereignty over the South China Sea islands and reefs, as well as its maritime rights in relevant waters, has been widely recognized by the international community. After the Second World War, with the independence of Southeast Asian nations and the discovery of abundant undersea resources in the South China Sea, some littoral Southeast Asian countries began to lay claim to the sovereignty of South China Sea islands and reefs, as well as related maritime rights. Despite this, China has consistently adhered to the peaceful resolution of maritime disputes through negotiations. Notably, in 2002, China signed the Declaration on the Conduct of Parties in the South China Sea with ASEAN member states, jointly safeguarding the overall peace and stability of the region.

However, in recent years, non-regional forces led by the United States have launched "great power competition" targeting China in the so-called "Indo-Pacific region," leveraging the South China Sea issue as a means to contain China. They have instigated relevant claimant states to provoke China, stirring up high winds and rough waves in the South China Sea.

I. Instigating Claimant States to Provoke China

In recent years, certain non-regional countries, led by the United States, have accused China of conducting so-called "gray zone" operations to assert control in the South China Sea. The term "gray zone" was defined by Philip Kapusta, an official from the U.S. Special Operations Command, in a 2015 article as "competitive interactions among and within state and non-state actors that fall between the traditional war and peace duality."[①] Similarly, a 2019 report by the Center for Strategic and International Studies (CSIS) defined it as a "competitive realm between conventional political means and overt warfare."

However, a closer examination reveals that the concept of "gray zone" is a narrative fabricated by the United States to tarnish China's image. China's claims in the South China Sea have always been open and transparent, and its actions are legitimate and lawful. If one were to follow the U.S. definition, it is not China that is engaging in "gray zone" operations, but rather the relevant claimant states and the non-regional forces, particularly the United States, that support them from behind the scenes.

Since 2023, the Philippines has repeatedly engaged in provocative actions against China in the South China Sea, repeatedly sending Coast Guard vessels to intrude upon Chinese islands and reefs in the South China Sea, thereby threatening regional stability and development. A notable incident was the prolonged stay of the Philippine Coast Guard (PCG) vessel 9701 at China's Xianbin Jiao. The vessel illegally lingered at Xianbin Jiao starting April 17, 2024. After more than four months of illegal presence, it weighed anchor on August 31 of the same year, continuing to maneuver and cause trouble within Xianbin Jiao Lagoon. China

---

① https://web.archive.org/web/20210914214101/https://www.soc.mil/SWCS/SWmag/archive/SW2804/GrayZone.pdf

Coast Guard (CCG) vessel 5205, with law and regulations, took normal law enforcement measures, including verbal warnings and close monitoring. However, the PCG vessel 9701 deliberately rammed the CCG vessel in an unprofessional and dangerous manner, leading to a collision.

The prolonged presence of PCG vessel 9701 at Xianbin Jiao was an attempt to "duplicate" the 1999 grounding of the BRP Sierra Madre at Ren'ai Jiao, aiming to establish so-called "actual control" over Xianbin Jiao. This scheme ultimately failed due to the professional response of the China Coast Guard. As a result, PCG vessel 9701 withdrew from Xianbin Jiao Lagoon on September 14, 2024.

The Philippines' repeated provocations against China are directly supported by the United States and its Western allies, who openly endorse the Philippines whenever such actions are initiated. Following the aforementioned collision incident on August 31, 2024, the then U.S. Department of State Spokesperson Matthew Miller immediately issued a statement, asserting that the United States "stands with" the Philippines, accusing the Chinese Coast Guard vessel of "deliberately ramming" the Philippine vessel, and "condemning China's dangerous and escalatory actions." He also reiterated accusations that China's territorial claims in the South China Sea are "unlawful" and pose a "threat" to freedom of navigation and overflight for all nations. He further stated that the Mutual Defense Treaty between the United States and the Republic of the Philippines applies to armed attacks on Philippine armed forces, public vessels, or aircraft "anywhere in the South China Sea."

This pattern extends beyond the Philippines to Vietnam. Following the 2019 China-Vietnam "Wan'an Tan Standoff," the United States frequently voiced support for Vietnam through diplomatic and public channels. Claimant states engaged in gray-zone provocations on the front lines, while Washington provided backing and boosted their morale from behind the scenes. This approach has become a persistent feature of South China Sea disputes.

The United States and its allies have provided strategic counsel and support to claimant states in their provocations and confrontations against China. Since 2023, the Philippines has implemented a so-called "transparency policy," aiming to leverage media narratives to portray China as a regional power that bullies smaller neighbors in the South China Sea. According to Filipino political commentator

Herman Laurel, this strategy is part of the "Project Myoushu," led by retired U.S. Air Force officer Raymond Powell. Several Western media outlets have joined this information campaign, dispatching reporters aboard Philippine vessels during their incursions into Chinese islands and reefs in the South China Sea, subsequently publishing reports that cast China in a negative light. A BBC report explicitly stated that allowing journalists to capture close-range footage of Chinese and Philippine naval encounters "was part of a deliberate strategy by the Philippine government to draw attention to China's so-called 'coercive tactics.'"

The 2016 South China Sea arbitration case is also a typical example. As early as June 2012, at the annual South China Sea Maritime Security Conference hosted by the Center for Strategic and International Studies (CSIS), then-U.S. Senator Joseph Lieberman openly advocated for external interference in the South China Sea issue through multilateral frameworks, including arbitration and other means.①

In 2013, the Aquino III administration of the Philippines, with open support from the United States, initiated the South China Sea arbitration case unilaterally. Shunji Yanai, then-President of the International Tribunal for the Law of the Sea, exercised his authority to form a temporary arbitral tribunal and appointed four of the five arbitrators in China's absence. Yanai was also the chairman of the Security Legislation Consultation Council, an advisory panel to Japanese Prime Minister Shinzo Abe. He had long advocated for Japan's constitutional revision and military expansion, claiming that Japan's islands were under "threat." Motofumi Asai, the former director of the China Division at Japan's Ministry of Foreign Affairs, who had worked with Yanai, stated that Yanai structured the arbitration tribunal based on considerations aligned with the intentions of the Abe administration.②

Moreover, the United States and its allies have frequently conducted "freedom of navigation operations" in the South China Sea, challenging China's territorial sovereignty and maritime rights claims. They have also conducted joint military

① Xinhua News Agency, "(Ten Commentaries on the South China Sea Arbitration Case) What Role Does Japan Want to Play in the South China Sea: Sixth Commentary on the South China Sea Arbitration Case and the South China Sea Issue."

② Xinhua News Agency, "(Exposing the Temporary Arbitration Tribunal II) Yanai and the Maneuverings Behind the Tribunal."

exercises in the South China Sea and its surrounding waters, demonstrating military force towards China. Additionally, the United States has used the South China Sea issue as grounds for economic pressure against China. In August 2020, the U.S. Department of Commerce placed 24 Chinese companies involved in island and reef construction in the South China Sea on its sanctions "Entity List."[①]

II. Pressuring South China Sea Littoral States to Take Sides

To curb and suppress China's development, the U.S.-led Western countries have not only leveraged the South China Sea issue to sow discord between China and regional nations, but have also attempted to forge various exclusionary "small circles" in the region. They aim to force regional countries to "take sides," placing significant external pressure on their normal foreign relations.

"If they have problems with China, they should not impose them on us. We do not have a problem with China." On March 4, 2024, during the ASEAN-Australia Special Summit, Malaysian Prime Minister Anwar Ibrahim made this statement at a joint press conference with Australian Prime Minister Anthony Albanese. He affirmed that Malaysia remains a friend to the United States, Europe, and Australia but emphasized, "They should not prevent us from maintaining friendly ties with one of our most important neighbors, China."[②]

This was not the first time Anwar refused to take sides between China and the West. Within a month of this statement, he publicly reiterated this position at least twice.[③] Anwar is not alone among ASEAN leaders in rejecting pressures to gang up against China. Singaporean Prime Minister Lawrence Wong,[④] Indonesian President Prabowo Subianto,[⑤] as well as former leaders such as former Singaporean Prime

---

① https://world.huanqiu.com/article/3zd8nuJGQTO

② https://www.kankanews.com/detail/DgwMV9Y8Z2W, https://m.gmw.cn/2024-03/19/content_1303689655.htm, https://world.huanqiu.com/article/4GsgALNneyA

③ https://m.gmw.cn/2024-03/19/content_1303689655.htm

④ https://www.thepaper.cn/newsDetail_forward_27328938

⑤ http://www.ozaobao.com/news/world/202405/1317891.html

Minister Lee Hsien Loong[①] and former Cambodian Prime Minister Hun Sen,[②] have all expressed similar views during their tenure. The repeated statements from multiple regional leaders indicate their strong awareness of the intense pressure from the United States and its Western allies, urging them to choose between the U.S.-led West and China.

The U.S.-led Western countries have been building a multi-layered exclusive "anti-China bloc" in the so-called "Indo-Pacific region," shaping a strategic containment network against China. The United States has spearheaded the establishment of multiple small multilateral mechanisms, including the U.S.-Japan-India-Australia, U.S.-Japan-South Korea, U.S.-Japan-Australia, U.S.-Japan-Philippines, and U.S.-UK-Australia alliances, which constitute the backbone of its Indo-Pacific alliance framework.

Beyond these initiatives, the United States has sought to incorporate as many regional countries as possible into its containment strategy by promoting agreements such as the Trans-Pacific Partnership (TPP) and the Indo-Pacific Economic Framework (IPEF). Although the United States later withdrew from the TPP, citing economic disadvantages, its initial involvement and leadership aimed to create a regional free trade system that excluded China. Launched in May 2022, the IPEF serves as the economic pillar of the Biden administration's Indo-Pacific strategy. Both mechanisms include Southeast Asian nations bordering the South China Sea, with the IPEF comprising over half of its members from Southeast Asia.

The South China Sea issue remains a critical tool for the United Sstates to counter China's influence in the region. The United States and its Western allies consistently amplify this issue in various multilateral forums related to Southeast Asia and ASEAN, pressuring regional countries to take a stance against China collectively. The 2024 ASEAN-Australia Special Summit exemplifies such efforts.

As the host, Australia had reportedly planned to exploit the South China Sea issue. According to ABC News, Australia initially intended to include sensationalized content regarding alleged "Chinese militarization of disputed islands and reefs in the South China Sea" in the summit declaration and to call on

① https://world.huanqiu.com/article/42JGnDhX7W9

② https://www.guancha.cn/internation/2022_05_12_639409.shtml

all parties to abide by the 2016 South China Sea arbitration ruling, thereby openly supporting and endorsing the Philippines.① It was precisely against this backdrop that Prime Minister Anwar unequivocally declared a "no side-taking" stance, a sentiment that resonated with the vast majority of regional nations. Ultimately, Australia's ploy was thwarted by the opposition of regional countries.

In May 2022, the Biden administration convened the U.S.-ASEAN Special Summit in Washington, announcing a 150-million-U.S. dollar investment in ASEAN, including a 60-million-U.S. dollar maritime initiative. As part of this program, the U.S. Coast Guard planned to establish training teams in the "Indo-Pacific region" to "assist partners in maritime training and capacity-building", a move evidently targeted at the South China Sea issue. However, in the days leading up to and during the summit, leaders and officials from Cambodia, Indonesia, and Vietnam publicly voiced their commitment to maintaining independence and rejecting pressure to "take sides."

III. Attempting to Reshape China's Regional Security Environment

The United States, as the principal non-regional force currently meddling in the South China Sea issue, seeks to sow discord between China and other claimant states and regional countries, driven by its strategic imperative to maintain its hegemony and by a narrow-minded, misguided perception of China.

After the Second World War, the United States, in leading the formulation of the postwar treaty with Japan, pursued a policy opposing "Communist China."This stance contributed significantly to the historical roots of the South China Sea issue. According to the Cairo Declaration and the Potsdam Proclamation, "territories stolen by Japan from China" were to be returned to China, and the South China Sea islands occupied by Japan should have been included in this mandate.

However, the United States insisted on excluding the People's Republic of China from the Treaty of Peace with Japan. Its proposal to invite the Taiwan authorities was met with opposition from the Soviet Union, the United Kingdom, and other nations, ultimately leaving China unrepresented at the peace conference.

Moreover, under pressure from France, which had attempted to seize South

① https://www.guancha.cn/internation/2024_03_07_727563.shtml

China Sea islands in the 1930s and continued its ambitions in the post-war era, the United States allowed French-controlled Indochina to participate as three separate nations. This decision enabled the then-South Vietnamese representative at the San Francisco Peace Conference to claim sovereignty over the Xisha Qundao and Nansha Qundao unilaterally.

During the drafting of the San Francisco Peace Treaty, the United States, driven by strategic concerns of preventing "Communist China" from gaining territorial advantages, accommodated French requests by phrasing the treaty so that "Japan renounces all right, title and claim to the Spratly Islands and the Paracel Islands," without specifying their rightful recipient. This omission created lasting uncertainties and laid the groundwork for future disputes.[①]

The United States' stance on the South China Sea has consistently evolved in alignment with its strategic interests. From the 1970s until the end of the Cold War, Washington, driven by the need to counter the Soviet Union, maintained neutrality on sovereignty disputes, refraining from taking a position on territorial claims. Even for its treaty ally, the Philippines, the United States did not make any explicit commitment to supporting its territorial claims over the disputed islands and reefs.[②] Following the March 1988 Sino-Vietnamese armed clash at Chigua Jiao, the United States explicitly stated that it would not take a position on the dispute.[③]

With the collapse of the Soviet Union and the end of the Cold War, U.S. policy began shifting from neutrality to limited involvement,[④]a transition spanning the Clinton and George W. Bush administrations. Under the pretext of "freedom of navigation," the United States began applying covert pressure on China regarding sovereignty disputes. During the 1995 Meiji Jiao Incident, the United States did not criticize the Philippine government's detention of Chinese sailors, but later issued

---

① Li Guang, "The U.S. and the Handling of the South China Sea Islands in the San Francisco Peace Conference: Clarifying Several Issues,"Chinese Borderland History and Geography Studies, 2019 (3).

② The Origins and Development of South China Sea Disputes, p.220.

③ The Origins and Development of South China Sea Disputes, p.221.

④ The Origins and Development of South China Sea Disputes, p.222.

a statement opposing "restrictions on maritime activities"① when China prevented the Philippine military from bringing journalists to the disputed reef.

In 1996, China issued the Declaration of the Government of the People's Republic of China on the Baseline of the Territorial Sea, which established the territorial sea baselines for the Xisha Qundao. Shortly afterward, the U.S. State Department released Limits in the Seas No. 117: Straight Baseline Claims: China, criticizing China's straight baseline claims. However, throughout this period, the United States did not perceive China as a significant threat due to its relatively limited power. Additionally, after the 9/11 attacks, Washington shifted its strategic focus to counter-terrorism, requiring China's cooperation. As a result, U.S. policy toward China remained primarily cooperative, with only limited pressure applied over the South China Sea issue.

Starting from the Obama administration, the U.S. perception of China underwent a clear transformation, driven by China's rapid growth of comprehensive national strengths. Washington moved from "the pivot to Asia" and "Asia-Pacific rebalance" under Obama to the "Indo-Pacific Strategy" under the Trump and Biden administrations, increasingly framing China through the lens of great-power competition. Eventually, the United States designated China as its "number one strategic competitor" and identified it as "the greatest geopolitical challenge of the 21st century." In October 2022, the Biden administration's National Security Strategy stated, "China is the only competitor with both the intent to reshape the international order and, increasingly, the economic, diplomatic, military, and technological power to do it."

As U.S. perceptions of China evolved, the United States intensified its efforts to contain and pressure China across multiple fronts, with increasingly escalated measures. Correspondingly, the South China Sea issue became a key component of U.S. strategy to shape China's regional environment, leading to a shift toward "active interference"② and an "increasingly anti-China stance."

In July 2010, then-Secretary of State Hillary Clinton publicly declared at the ASEAN Regional Forum that the United States had national interests in the South

① The Origins and Development of South China Sea Disputes, p.223.

② The Origins and Development of South China Sea Disputes, p.237.

China Sea, marking the beginning of a significant shift in U.S. South China Sea policy following the Cold War.①

By December 2014, the U.S. State Department released Limits in the Seas No. 143: China's Maritime Claims in the South China Sea, asserting that China's maritime claims in the South China Sea were vague and inconsistent.② The report also challenged China's dashed-line claims.③

In July 2020, then-Secretary of State Mike Pompeo issued the U.S. Position on Maritime Claims in the South China Sea, explicitly declaring that China's sovereignty claims over certain features in the Nansha Qundao and its broad resource rights claims were "completely unlawful."④

To maintain its leverage over the South China Sea issue for meddling in China's peripheral affairs, the United States has actively strengthened ties with claimant states, providing support to bolster their stance against China while expanding its military presence in the "Indo-Pacific region."

The United States has increased its military bases in the Philippines from five to nine, with the new bases located near Taiwan and the South China Sea, a clear indication of its intent to target China. In April 2024, the United States deployed its "Typhon" mid-range missile system to the Philippines, specifically targeting China. In July 2024, during the U.S.-Philippines "2+2" Foreign and Defense Ministerial Dialogue, the U.S. side announced "unprecedented" military aid of 500 million U.S. dollars to the Philippines, ostensibly to "strengthen" the latter's capacity to deter so-called "illegal aggression" from China and other countries.⑤

Japan, as another major non-regional power, has primarily been motivated by strategic interests in countering China in the East China Sea and the Diaoyu Dao dispute. To this end, Japan has actively engineered the shift of the United States' strategic focus to the Asia-Pacific region. The so-called "Indo-Pacific Strategy" was

---

① The Origins and Development of South China Sea Disputes, p.231.

② The Origins and Development of South China Sea Disputes, p.232.

③ The Origins and Development of South China Sea Disputes, p.238.

④ https://2017-2021-translations.state.gov/2020/07/13/u-s-position-on-maritime-claims-in-the-south-china-sea/

⑤ https://www.guancha.cn/internation/2024_07_31_743295.shtml

initially proposed by former Japanese Prime Minister Shinzo Abe and subsequently adopted and utilized by the United States.

Japan has also been vigorously peddling the narrative of a "free and open Indo-Pacific," positioning the South China Sea as a key area within this narrative, and repeatedly opposing China's claims. During Prime Minister Shigeru Ishiba's visit to the United States this February, a joint statement once again singled out and opposed China's "unlawful maritime claims,""militarization" of relevant islands and reefs, and "threatening and provocative activities" in the South China Sea.[①]

To instigate claimant states in the South China Sea region to confront China, Japan has also intensified its support for them in recent years. In April 2023, Japan established the Official Security Assistance (OSA) mechanism, outside its traditional Official Development Assistance (ODA) framework, to help recipient countries strengthen their military capabilities.[②]

An examination of its bidding announcements and implementation projects for fiscal years 2023 and 2024 reveals that South China Sea claimant states, including the Philippines, Vietnam, and Malaysia, are primary targets for this aid. Assistance to the Philippines is particularly extensive, encompassing coastal surveillance radar and vessels, explicitly aimed at the South China Sea issue.[③]

Encouraged by U.S. and Japanese actions, and driven by their strategic interests, several other American allies have also actively interfered in the South China Sea issue. In April 2015, for the first time, G7 Foreign Ministers issued a separate statement on maritime security that addressed the South China Sea situation.[④]

From 2016 to 2018, the United States, Japan, and Australia issued joint statements for three consecutive years, expressing concern over the South China Sea issue and leveling accusations against China.[⑤]

---

① https://www.whitehouse.gov/briefings-statements/2025/02/united-states-japan-joint-leaders-statement/

② https://www.mofa.go.jp/mofaj/fp/ipc/page4_005828.html

③ https://www.mofa.go.jp/mofaj/fp/ipc/page22_004170.html,
https://www.mofa.go.jp/mofaj/fp/ipc/pagew_004170_00002.html

④ The Origins and Development of South China Sea Disputes, p.261.

⑤ The Origins and Development of South China Sea Disputes, p.262.

In 2019, EU nations issued their first joint statement on the South China Sea, backing Vietnam in the Wan'an Tan Incident while implicitly criticizing China's countermeasures.①

The United States and its Western allies have frequently meddled in the South China Sea issue, transforming it into their strategic chessboard for "great power rivalry" against China.

Chapter Two Orchestrator Promoting the "Militarization" of the South China Sea Region

The interference of extra-regional powers, particularly the United States, has significantly intensified the militarization of the South China Sea. In 2024, U.S.-led "South China Sea militarization" intensified, with the United States, Japan, and other extra-regional countries expanding their military presence and constructing multilateral security mechanisms, heightening tensions and uncertainty. The United States has frequently deployed carrier strike groups and other military assets to the South China Sea and conducted joint military exercises with its allies.Their deepening military interference not only exacerbates the militarization but also elevates the risk of unintended clashes, posing a serious threat to regional peace and stability.

I. Fanning the Flames: Supplying Military Equipment to Regional States

The South China Sea was once a vital hub for trade and security in the Asia-Pacific region. However, in recent years, the United States has ramped up its support for South China Sea nations, particularly the Philippines, through military aid, joint exercises, technical cooperation, and personnel training. All these have reinforced the U.S. military presence in the region, deepened interference in South China Sea disputes, escalated regional tensions, and undermined the collective efforts of China and ASEAN nations to safeguard peace and stability.

In July 2024, during the U.S.-Philippines "2+2" ministerial meeting, the United States announced a $500 million Foreign Military Financing package for the

① The Origins and Development of South China Sea Disputes, p.264.

Philippines, primarily aimed at modernizing military equipment and upgrading bases. The United States has also provided the Philippines with P-8A anti-submarine patrol aircraft and MQ-9 “Reaper” drones to support the development of a South China Sea surveillance network. Leveraging satellite and radar data supplied by the U.S., the Philippine military has intensified its real-time monitoring of Chinese activities around maritime features.The funding has also supported the procurement of anti-ship missiles, patrol vessels, and personnel training, significantly reinforcing the Philippines’ military presence in the South China Sea and enhancing its capacity to counter China’s maritime rights protection operations.

In October 2024, the United States provided $8 million in targeted assistance to the Philippine Coast Guard to strengthen its maritime patrol and law enforcement capabilities. By enhancing the operational capacity of the Philippines’ maritime “gray zone” forces, this support has indirectly facilitated its provocative actions in the disputed waters of the South China Sea.

The United States has gradually eased restrictions on arms sales to Vietnam and provided military assistance. In 2007, Washington amended its arms trade regulations. In 2014, it partially lifted the ban on weapons exports to Vietnam, allowing the sale of weapons and equipment pertinent to maritime security.

In May 2016, then-President Barack Obama announced the full removal of the arms embargo. Since then, the United States has donated decommissioned patrol ships and Challenger-75 patrol boats to Vietnam. On November 20, 2024, the United States delivered five T-6C “Texan II” trainer aircraft to Vietnam, which has placed an order for a total of 12 such aircraft, with full delivery expected by 2025.

Through military assistance to the Philippines and Vietnam, the United States aims to position them as frontline proxies in its strategic rivalry with China. By providing funding and equipment, Washington is deliberately fueling regional tensions to impede China’s development. In January 2025, the United States and the Philippines conducted joint military exercises in the waters of the South China Sea. The U.S. Navy deployed the nuclear-powered aircraft carrier USS Carl Vinson and its strike group, while the Philippine side mobilized missile frigates and FA-50 fighter jets. This exercise was widely interpreted as a direct provocation against China. A month later, in February 2025, the United States, Canada, and the Philippines carried out a multilateral naval operation within waters that Manila claims as its "exclusive economic zone," with intentions to invite additional Western nations to participate in similar future activities.

In addition, the United States and the Philippines regularly conduct joint air patrols, anti-submarine warfare training, and special forces interoperability exercises. These include multiple tactical coordination drills near Palawan Island and simulated island seizure operations conducted during the "Balikatan" exercises.

These joint military exercises have bolstered the Philippines' military confidence, sending a clear deterrent signal to China and its neighboring countries in the South China Sea. Consequently, tensions have escalated in the region, thereby increasing the risk of regional conflict.

II. Playing with Fire: U.S. Warships and Aircraft Repeatedly Intruding Upon China's South China Sea Islands and Reefs

To maintain its maritime military hegemony, the United States has long conducted so-called "freedom of navigation operations" in the South China Sea under the pretense of "defending international maritime rights." Washington asserts that these actions aim to counter "excessive maritime claims" and uphold the freedoms of navigation and overflight enshrined in international law. However, the frequent deployment of U.S. military vessels and aircraft near China's controlled islands and reefs lacks legitimate grounding in international law, disregards China's maritime rights and claims, constitutes a blatant military provocation, and severely undermines regional peace and stability.

The U.S. Freedom of Navigation Program, implemented since 1979, seeks to challenge the maritime claims of other nations through military operations and diplomatic protests. In the South China Sea, these actions primarily target China, with the United States asserting that China's maritime rights claims are "excessive." Using this pretext, the United States routinely dispatches warships into waters surrounding Chinese-controlled islands and reefs. Since the USS Lassen incident in 2015, the United States has carried out more than 40 "island-penetrating" freedom of navigation operations by the end of 2024. During President Trump's first term, these operations were marked by high frequency and a notable double standard.

The United States claims that its actions are grounded in the United Nations Convention on the Law of the Sea (UNCLOS) and customary international law;

however, this assertion has several flaws. First, the United States is not a signatory to UNCLOS; yet, it unilaterally interprets the Convention to justify its operations, an approach that lacks legal legitimacy. Second, its definition of "excessive maritime claims" remains vague and subjective, driven more by strategic interests than by established principles of international law. Moreover, U.S. "freedom of navigation operations" have drawn criticism for attempting to monopolize the interpretation of customary international law, using military maneuvers to dictate legal norms rather than adhering to the existing legal framework.

Regarding specific examples, the U.S."freedom of navigation operations" targeting China mainly challenge the following three types of so-called "excessive maritime claims": first, the requirement for prior authorization for "innocent passage of warships through the territorial sea"; second, the territorial sea claims over some islands and reefs of the Nansha Qundao; and third, the straight baselines of the Xisha Qundao. The United States frequently sends warships into the vicinity of China's Meiji Jiao, Zhubi Jiao, Ren'ai Jiao, and other islands and reefs in the Nansha Qundao, attempting to negate China's territorial sovereignty and maritime rights and interests. In addition, the United States has also attempted to expand the application of the illegal ruling of the 2016 South China Sea Arbitration to the Xisha Qundao and Zhongsha Qundao, further amplifying the international impact of the ruling.

These actions by the United States have had a seriously negative impact on regional peace and stability. Its militarized actions have significantly increased the risk of miscalculation and unintended clashes, disrupting regional peace and stability. Meanwhile, U.S. interference has weakened the central role of ASEAN in regional affairs and reduced the ability of regional countries to resolve their issues independently. Additionally, U.S. actions have eroded mutual trust among regional countries and increased obstacles to cooperation.

The U.S."freedom of navigation operations" in the South China Sea are legally questionable and pose a significant threat to regional peace and stability. The geopolitical motives and unilateral approach underpinning these actions have raised serious concerns within the international community.

The international community should work collectively to uphold the maritime order centered on the UNCLOS and promote a peaceful resolution to the South China Sea issue.

III. Building the Blaze: Accelerating U.S. Military Deployment around the South China Sea

Under the pretext of "maintaining peace in the South China Sea" and "countering the China threat," the United States has intensified its military presence in the region and reinforced its alliance network across the so-called "Indo-Pacific region." In 2023, the number of U.S. military bases in the Philippines increased from five to nine. These bases, located near disputed waters in the South China Sea and the Taiwan Strait, are capable of hosting medium-range missiles, anti-submarine aircraft, and drone systems, thereby forming a strategic encirclement against China. In April 2024, the United States deployed the "Typhon" medium-range missile system in Luzon, with a strike range extending over the South China Sea, the Taiwan Strait, and China's coastal regions, further strengthening its tactical deterrence against China.

Along the "First Island Chain," the United States has deployed stealth fighters and reinforced anti-ship missile positions at Futenma and Kadena bases in Okinawa. It is also planning to revive a naval logistics hub at Subic Bay in the Philippines. Along the "Second Island Chain," the United States is upgrading Andersen Air Force Base in Guam to establish a rapid strike radius targeting the South China Sea. These infrastructure enhancements are designed to facilitate the deployment of additional Marine Corps units and strategic weapon systems.

The U.S. Navy maintains a rotational deployment of carrier strike groups, ensuring that at least one group conducts routine patrols in the South China Sea at all times. The 2021 collision involving the USS Connecticut, a nuclear-powered submarine, underscored the normalization of U.S. reconnaissance operations in the region. In 2022 alone, U.S. surveillance aircraft conducted over 600 close-in sorties near Chinese maritime features in the South China Sea

The United States has partnered with the Philippines to jointly test and develop counter-drone systems, while also planning the deployment of Patriot air defense missiles and HIMARS rocket artillery systems in the country. With tacit U.S. approval, the Philippine military has procured India's BrahMos anti-ship missiles to enhance its strike capabilities against maritime targets. In its 2025 defense budget, the U.S. Department of Defense allocated an additional $128 million to upgrade base infrastructure under the Enhanced Defense Cooperation Agreement (EDCA) framework with the Philippines, aiming to strengthen the U.S. military's rapid response capabilities in the South China Sea.

Beyond bilateral initiatives, the United States has strengthened military cooperation with regional allies, deepening trilateral security ties with Japan and South Korea, expanding military collaboration with Japan and Australia, and advancing the AUKUS security partnership with the United Kingdom and Australia. The United States' NATO allies, such as the United Kingdom and Germany, have also repeatedly dispatched warships to the South China Sea and the broader Asia-Pacific region to flex their military muscle and even seek long-term deployments.

Since 2020, U.S. military support for South China Sea regional states has exhibited a systematic and multi-tiered approach, with the core objective of strengthening allied military capabilities, constructing a strategic encirclement, and advancing the internationalization of the South China Sea issue to curb China's influence in the region. However, these actions have not only heightened regional tensions but also exposed certain claimant states as mere proxies, whose strategic choices remain subordinated to U.S. interests, placing their own security and economic interests at long-term risk.

Chapter Three Lie-Monger Fabricating Falsehoods to Smear China

The United States possesses the most formidable capabilities in cognitive and public opinion warfare on a global scale. To safeguard its hegemonic interests, Washington has long engaged in extensive theoretical research, leveraging its dominant position in international discourse to fabricate false narratives, distort facts, and obscure the truth. As a result, misinformation has proliferated under the guise of authoritative reporting. In recent years, systemic flaws within the U.S. governance model have increasingly come to light, exposing its pattern of deception and slander. A growing number of people now recognize that, on the South China Sea issue, the United States has played the disgraceful role of a sheer lie-monger.

I. Labeling China as a "Threat" through False Narratives

Using Xinhua News Agency's Global Radar situational awareness system, journalists conducted a quantitative analysis of the media coverage and sensationalism in the United States and its Western allies regarding the Xianbin Jiao incident from May to October 2024. The findings reveal a clear lack of neutrality and objectivity, with reports exhibiting a distinctly biased stance.

A keyword search for "Sabina Shoal" (the term commonly used by media from the U.S. and its Western allies to refer to the reef officially named Xianbin Jiao in China) identified 1,138 news reports within the specified timeframe. Of these, 446 originated from U.S. outlets, while 692 were published by media in other developed nations whose GDP ranks among the top 50 in the world. A review of these articles shows a consistent pattern: Chinese actions are frequently labeled as "threats," implicitly suggesting that tensions in the South China Sea are primarily attributable to China.

For instance, CBS News, in its coverage of the alleged "collision" of a Chinese vessel against a Philippine vessel in the South China Sea in September 2024, repeatedly amplified narratives such as," Over the past two years, China has repeatedly rammed Philippine vessels and fired water cannons at them."

These reports seek to portray China as an aggressive power that bullies smaller nations. Yet, they conveniently ignore the root cause of the South China Sea issue: the Philippine occupation of Chinese islands and reefs, as well as its role in fueling maritime boundary disputes.

Originally, there were no territorial or maritime delimitation disputes between China and the Philippines. However, following the publication of a 1968 research report revealing the South China Sea's abundant oil and gas reserves, the Philippines, driven by territorial expansionism and resource exploitation, illegally occupied eight Chinese reefs and islands in the Nansha Qundao. This marked the emergence of territorial disputes over certain features between the two nations. The Philippines' blatant armed seizure of Chinese territory in the Nansha Qundao violates the United Nations Charter and fundamental principles of international relations, actions explicitly prohibited under international law.

Wu Shicun, chairman of the Huayang Maritime Research Center and founding president of the National Institute for South China Sea Studies, stated that the core of the South China Sea dispute between China and the Philippines stems from the Philippines' violation of its obligations under the United Nations Charter in the 1970s, when it illegally occupied parts of China's islands and reefs in the

NanshaQundao, triggering territorial sovereignty and maritime delimitation disputes.

Since the adoption and entry into force of the United Nations Convention on the Law of the Sea (UNCLOS) in the 1980s and 1990s, the concept of national jurisdiction over maritime zones has been enriched and expanded, leading to an escalation of disputes between China and the Philippines over the South China Sea.

Tracing the origins of the South China Sea dispute reveals that it is fundamentally a bilateral issue, with China as the victim whose legitimate rights have been infringed upon, and by no means the aggressor bullying its neighbors.

II. Mobilizing Media and Think Tanks for Cognitive Warfare against China

The South China Sea Strategic Situation Probing Initiative, in its research targeting the United States' "gray zone" competition, clarifies that due to its inherent advantages in technology, media, and discourse power, the United States has consistently played a dominant role in shaping international narratives on the South China Sea. Since the Obama administration, U.S. government agencies, think tanks, and media outlets have continuously promoted narratives such as "China seeks to control the South China Sea," "China does not abide by international law," "China is undermining the rules-based international order," and "China is coercing its maritime neighbors." These narratives, often based on selective or even distorted information, have been used to comprehensively stigmatize China's policies and actions in safeguarding its maritime rights. In recent years, U.S. tactics in this regard have escalated, becoming increasingly direct and vociferous.

The United States and its Western allies, leveraging their dominance in international discourse, mischaracterize the intrusions and provocations bycertain claimant states in the South China Sea as safeguarding sovereignty, while framing China's legitimate rights protection and law enforcement as "hegemonic" actions of a powerful nation "bullying" regional countries. They deliberately exaggerate the so-called "military threat" from China in the South China Sea.

For instance, in 2022, Stanford University's Gordian Knot Center for National Security Innovation launched the "Myoushu" project (now known as "SeaLight"),[1]

① https://gordianknot.stanford.edu/sealight

which disseminates a daily stream of mixed factual and misleading situational data. The initiative focuses on tracking China's maritime activities, fabricating rumors, and deliberately hyping the narrative of"Chinese maritime threat and expansion."

Similarly, in 2016, the "China Power" research group at the U.S. think tank Center for Strategic and International Studies (CSIS) released a research report claiming that China has employed its coast guard vessels to "bully" ships from other nations in the South China Sea as a means of asserting its sovereignty over the region.

The report stated that out of a total of 45 sovereignty dispute incidents in the South China Sea region since 2010, the Chinese coast guard was "involved" in 30 of them, with China also deploying its regular navy in 4 additional instances for "law enforcement." According to the report, out of a total of 45 sovereignty disputes that occurred in the South China Sea region since 2010, the China Coast Guard was "involved" in 30 of them, and China had even dispatched its regular navy for "law enforcement" in 4 additional instances.

In 2020, then-U.S. Secretary of State Pompeo warned China that its "bullying activities"to control the South China Sea were entirely unlawful, and that the world would not allow Beijing to regard the South China Sea as its "maritime empire."

III. Negating China's Legitimate Claims through Unlawful Arbitration

To legally undermine China's sovereignty over the islands and reefs in the South China Sea and its claims to related waters and historical rights, the United States and its Western allies instigated the Philippines to initiate the South China Sea arbitration case.

Rod Kapunan, a columnist for *Manila Standard*, remarked that former President Benigno Aquino III actively aligned with the U.S.'s so-called "Asia-Pacific rebalancing" strategy when initiating the arbitration case, deliberately misleading the Filipino public and inciting hostility toward neighboring countries. On the South China Sea issue, he argued, "The Filipinos are merely pulling chestnuts from the fire for the United States."

From the very beginning of the Aquino III administration's unilateral initiation of the South China Sea arbitration case, the United States was manipulating it behind the scenes. American lawyer Paul Reichler participated in planning the case, and some high-ranking U.S. government officials also supported the Philippines in filing the arbitration.

Yuri Tavrovsky, a professor at the Peoples' Friendship University of Russia, pointed out in an article published in Russia's *Nezavisimaya Gazeta* that although the United States holds no territorial claims in the South China Sea, it seeks to act as the arbitrator in all negotiations.

Alberto Encomienda, former Secretary-General of the Maritime Center at the Philippine Department of Foreign Affairs, stated candidly that the Aquino III administration's actions in escalating tensions in the South China Sea were orchestrated by the United States." The Philippines does not have an independent foreign policy. It is always subject to the dictates of the United States. Aquino III always talked about 'rule of law' and 'legal framework,' but these 'laws' are essentially determined by the United States."

Diyaa El-Fiqy, an Egyptian expert on international issues, told Xinhua News Agency reporters that on the South China Sea issue, the Philippines had promised that the issue would be resolved through consensus-based consultations among the parties concerned. However, the United States instigated the Philippines behind the scenes, ultimately prompting it to submit the issue to arbitration. According to Fiqy, the U.S. interference in the South China Sea issue is aimed at maintaining its own hegemony.

The arbitration tribunal, dominated by the United States and its Western allies, misinterpreted the spirit and rules of the UNCLOS, almost completely denying China's claims and labeling China's legitimate actions to safeguard its territorial sovereignty and maritime rights and interests in the South China Sea as "violating international law."

Wu Shicun said that the arbitration tribunal had no jurisdiction over the South China Sea arbitration case, and any demands, rulings, or orders it issued to China have no legal effect. As a result, China faces no obligation to enforce the tribunal's ruling. He believes that the Philippines' forceful push for the South China Sea arbitration aimed not only to deny China's sovereign rights and maritime rights and interests in the South China Sea but also attempted to legitimize its own illegal claims through "law." This was a "carefully planned political conspiracy disguised under the cloak of law."

Therefore, the arbitration tribunal's ruling is highly politicized, lacks basic fairness, and undermines the credibility of international law.

IV. Smearing China through Hegemonic Thinking and Power Politics

China adheres to an independent foreign policy of peace, with the noble objective of building a community with a shared future for humanity. On the South China Sea issue, China has always advocated for peaceful resolution through negotiation. While not proactively provoking trouble, China resolutely responds to provocations.

For China, maintaining peace and stability in the South China Sea region best serves its interests. The United States and its Western allies have consistently pursued hegemonism and power politics, with a notorious history of imperialist and colonial practices in their quest to seize and maintain hegemony. Their actions, marked by oppression of weaker nations and blatant disregard for international law, have left a lasting stain on their record.

The United States and its Western allies smear China's legitimate rights protection, law enforcement, and maritime activities in the South China Sea as "bullying small countries bya big power" and "hegemonism." They project their own psychology onto China, highlighting their deeply-rooted hegemonic logic and zero-sum mentality, pushing the region to the brink of danger.

Under the banner of "America First," the United States increasingly applies "international rules" selectively, using them when convenient and discarding them when not. It frequently withdraws from international agreements, often placing its domestic law above international law, abusing tariffs, sanctions, and long-arm jurisdiction, and resorting to any means to suppress the development of other countries, pushing the "law of the jungle" to its extreme. From congressmen "encircling and suppressing" TikTok to convoys stealing Syrian oil, the United States frequently "contributes" shockingly bullying scenes to the world.

The *New York Times* published an article stating that the United States has become "a selfish and bullying giant—a bully with grand delusions, but in reality, not nearly as formidable as the U.S. leaders imagine."

After the Cold War, the United States, having finally achieved global hegemony, has become even more blatant in displaying its wolfish culture to the world. It grabs whatever it desires; if it's not given, it takes by force; if met with resistance, it resorts to military aggression; if direct confrontation fails, it employs subversive tactics. The United States is well-versed in the tactics of maintaining hegemony, which fuels its suspicion that China will pursue global hegemony like the United States, resorting to similar tactics of "plundering, assaulting, and smearing."

Chapter Four Disruptor of Regional Peace, Stability, and Development

The South China Sea is a treasure trove of resources, having provided abundant fishing yields for surrounding countries for centuries and a vital source of livelihood for coastal fishermen. It is also a crucial maritime thoroughfare connecting East and Southeast Asia to the Indian Ocean, playing a significant role in the foreign trade and economic development of regional nations.

The Asia-Pacific region has emerged as one of the most dynamic and fastest-growing economic areas in the world. A key prerequisite for this success has been the region's sustained peace and stability over an extended period. The stability in the South China Sea is undoubtedly a crucial component of this overall regional peace and security.

Yet today, extra-regional forces, with the United States at the forefront, keep stirring up issues in the South China Sea, sow discord between China and other claimant states, create tension in the South China Sea, and disrupt regional peace, stability, and mutually beneficial cooperation. These actions have led to heightened security risks, a deteriorating development environment, and erosion of mutual trust, with regional countries, particularly those bordering the South China Sea, ultimately bearing the consequences.

I. Disrupting Economic and Social Development of Regional Countries

U.S.-led extra-regional forces have increasingly meddling in the South China Sea issue, inciting regional countries to confront China. Influenced by such inducements, some regional states have diverted substantial energy and resources toward provocative confrontations, heightening their exposure to potential conflict. This shift has come at the expense of their own's domestic economic and social development, disrupted foreign trade, investment, and cooperation, and inflicted adverse impacts on economic well-being and people's livelihoods.

Since 2023, the Philippines has launched a new wave of provocations against China in the South China Sea, accompanied by a sharp increase in military expenditures. According to the Philippine national budget for 2025, enacted at the end of 2024, the Department of National Defense is allocated ₱315.1 billion (approximately USD 5.53 billion)—a year-on-year increase of over 30%. This figure ranks third among all government departments and accounts for nearly 5% of the total national budget.①

In stark contrast, funding for social welfare and healthcare services for impoverished communities has been significantly reduced. The ₱74 billion (approximately USD 1.3 billion) government subsidy initially planned for the state-run Philippine Health Insurance Corporation (PhilHealth) has been entirely eliminated. Additionally, the Pantawid Pamilyang Pilipino Program (4Ps), a poverty alleviation initiative under the Department of Social Welfare and Development, has suffered a ₱50 billion (approximately USD 0.878 billion) budget cut.②

China is the Philippines' largest trading partner and a key investor in its infrastructure development. However, in the past two years, the Philippines' repeated provocations over the South China Sea issue have led to a deterioration in bilateral relations, negatively impacting economic and trade cooperation. According to China's General Administration of Customs, in 2023, China's total trade volume with the Philippines, as measured in U.S. dollars, saw significant declines of 16.0% in total trade, 16.3% in exports, and 15.3% in imports.③ This downward trend continued with slight declines in 2024.④

---

① https://m.gmw.cn/2024-12/30/content_1303935657.html.

② https://philstarlife.com/news-and-views/313009-philhealth-to-get-zero-subsidy-2025-budget, https://www.sunstar.com.ph/davao/wegotmail-marcos-2025-budget-a-rizal-day-betrayal-unconstitutional-corrupt-anti-poor, https://www.guancha.cn/internation/2024_12_23_759845.shtml

③ http://www.customs.gov.cn/customs/302249/zfxxgk/2799825/302274/302277/302276/5637259/index.html

④ http://www.customs.gov.cn/customs/302249/zfxxgk/2799825/302274/302277/302276/6325065/index.html

In July 2022, the Philippine government halted three major railway projects funded by China, the Subic-Clark Railway, the PNR South Long-Haul Railway, and the Davao-Digos segment of the Mindanao Railway, citing the need for reassessment.①

Before the COVID-19 pandemic, China was one of the Philippines' most important sources of foreign tourists. However, due to worsening bilateral relations, post-pandemic recovery in Chinese tourist arrivals has been sluggish. In 2023 and 2024, the number of Chinese visitors to the Philippines was approximately 260,000 and 310,000, respectively, significantly lower than the 1.74 million recorded in 2019. According to reports from Thai media, the Philippine government acknowledged that its visa policies have deterred Chinese tourists and launched an e-visa program for Chinese citizens, only to cancel it abruptly, citing security concerns.②

In response to this, Rigoberto Tiglao, the former spokesperson of former Philippine President Gloria Macapagal Arroyo during her term, published an article in Philippine media criticizing, "This is not only the biggest mistake of his (current Philippine President Ferdinand Romualdez Marcos') presidency, but also the most destructive policy in our history, hindering growth and exacerbating poverty." Meanwhile, Bank of America warned that escalating tensions in the South China Sea could further damage Philippine-China relations, potentially causing severe economic losses for the Philippines.③

Domestically, insightful figures within the Philippines have voiced concerns that the country's continued provocations against China, encouraged by the United States, could drag it into military conflict. Former Philippine Senator Francisco Tatad publicly stated in an article that the South China Sea dispute should not define the entirety of Philippine-China relations. He criticized the United States and its allies for exaggerating the severity of the issue and portraying direct military confrontation as the only solution. He warned that "if the Philippines goes to war

① https://www.flw.com.ph/thread-1209020-1-1.html

② https://www.flw.com.ph/thread-1334189-1-1.html,
https://travel.china.com.cn/txt/2024-04/16/content_117129673.shtml

③ https://globalnation.inquirer.net/234686/bank-of-america-warns-row-with-china-may-hurt-ph-economy with China at the behest of the United States, it would be an act of suicide and sheer folly."

In Vietnam, the escalation of the South China Sea issue has fueled a surge in nationalist sentiment, culminating in the anti-China riots on May 13, 2014. The unrest led to the looting, vandalism, and arson of hundreds of foreign-invested enterprises, resulting in hundreds of casualties. While businesses from the Chinese mainland were primary targets, companies from China's Hong Kong and Taiwan, South Korea, Singapore, and other regions were also affected. In response, multiple countries and regions evacuated personnel from Vietnam and issued travel warnings. The deteriorating investment climate forced the Vietnamese government to arrest suspects and compensate affected enterprises in an effort to stabilize the situation.

The South China Sea and its surrounding areas constitute one of the world's busiest maritime and air traffic corridors, with thousands of vessels and aircraft operating daily.[①] Any escalation of tensions in the region not only threatens navigational safety but also heightens the concerns of investors over security, negatively impacting the economies of neighboring countries. Singapore's Foreign Minister Vivian Balakrishnan has warned that "any escalation of tensions, conflict, or military action in the South China Sea will immediately harm and obstruct trade." A simulation study by the U.S. National Bureau of Economic Research (NBER) suggests that a war in the South China Sea could have devastating economic consequences, with Southeast Asian nations facing an average GDP loss of up to 11%.[②]

II. Eroding Strategic Trust among Regional Countries

The interference of extra-regional powers, particularly the United States, has significantly intensified the militarization of the South China Sea, exacerbated

---

① Report on the State of Navigation and Overflight in the South China Sea, http://www.scspi.org/sites/default/files/nan_hai_hang_xing_ji_fei_yue_zhuang_kuang_.pdf

② https://www.researchgate.net/publication/379105658_Economic_Relations_Between_China_and_Asean_The_Shadow_of_the_South_China_Sea_Issue, https://www.nber.org/system/files/working_papers/w28048/w28048.pdf

sovereignty disputes, disrupted negotiations on the Code of Conduct in the South China Sea, weakened ASEAN's central role, eroded mutual trust among regional states, increased obstacles to cooperation, and diminished the ability of regional countries to resolve their own issues independently, severely undermining peace and stability in the region.

Escalation of Sovereignty Disputes

The United States has further aggravated sovereignty disputes in the South China Sea by supporting unilateral actions by certain claimant states. The Marcos administration in the Philippines has notably shifted its South China Sea policy, provoking incidents in areas such as Ren'ai Jiao and Huangyan Dao, strengthening its military alliance with the United States, and actively engaging in security cooperation with the United States and its Western allies. This external backing has emboldened some claimant states to solidify their territorial claims through provocative actions, rather than seeking resolution through dialogue and cooperation.

Obstruction of Negotiations on the Code of Conduct in the South China Sea

The interference of the United States and other extra-regional countries has posed challenges and obstruction to China and ASEAN's efforts to maintain peace and stability in the South China Sea. U.S. military provocations and diplomatic pressure have disrupted the negotiation process for the Code of Conduct in the South China Sea. This external interference has hindered consensus-building between China and ASEAN states, further complicating efforts to safeguard regional peace and stability.

Weakening of ASEAN's Central Role

U.S.-led security cooperation frameworks exhibit exclusivity, exacerbating divisions among regional states and undermining ASEAN's central role in regional affairs. The United States has sought to introduce NATO and other military alliances into the Asia-Pacific, challenging ASEAN's leading role in regional affairs. This external interference has diminished ASEAN's ability to coordinate and its influence on the South China Sea issue, further weakening its central role in regional affairs.

Erosion of Mutual Trust Among Regional States

The interference of extra-regional powers, particularly the United States, has significantly eroded mutual trust among regional countries. The escalating tensions in the South China Sea, coupled with foreign interference, have constrained China-ASEAN trust-building efforts, creating diplomatic deadlocks. U.S. interference has not only undermined trust among regional states but also increased obstacles to cooperation. Under the influence of extra-regional forces, the attitudes of some ASEAN countries towards China have become more complex, making it difficult for China and ASEAN countries to smoothly advance cooperation in marine collaboration, resource development, and other areas.

Decline in Regional States' Ability to Address Challenges Independently

The interference of the United States and other external forces has led some claimant states to be more inclined to resolve disputes through the support of extra-regional powers rather than dialogue and cooperation within the region. This dependence has weakened their ability to resolve disputes autonomously, further destabilizing the region. The change in the Philippines' South China Sea policy is largely a product of U.S. strategic competition with China. This external support has made the Philippines increasingly reliant on foreign powers, reducing its capacity to address South China Sea challenges independently.

III. Obstructing Regional Countries from Deepening Practical Cooperation

The South China Sea issue has remained unsolved, and negotiations have progressed at a slow pace, largely due to the persistent interference of extra-regional forces. Consequently, some claimant states tend to perceive other parties' actions primarily through the lens of territorial and maritime disputes, thereby weakening mutual trust and hindering regional cooperation.

The interference of U.S.-led extra-regional forces in the South China Sea issue, especially their support for unilateral actions by certain claimant states, has encouraged these countries to rely on the United States and its Western allies to reinforce their vested interests, rather than seeking resolution through negotiation and cooperation. This approach has not only escalated tensions in the South China Sea but also complicated negotiations on the Code of Conduct in the South China Sea (COC). Since China and ASEAN signed the Declaration on the Conduct of Parties in the South China Sea (DOC) in 2002, both sides have repeatedly expressed their commitment to formulating a binding Code of Conduct (COC) based on this framework. However, despite the formal resumption of negotiations in 2013, following the 6th Senior Officials' Meeting and the 9th Joint Working Group Meeting, the COC remains unfinalized to this day.

At the press conference during the 2025 National People's Congress and Chinese People's Political Consultative Conference sessions, Chinese Foreign Minister Wang Yi stated explicitly that instability and security risks in the South China Sea primarily stem from extra-regional interference. China and ASEAN countries have long reached an important consensus on maintaining peace and stability in the South China Sea. They are currently focusing their efforts on advancing negotiations for the Code of Conduct in the South China Sea. However, under such circumstances, the United States and its Western allies continue to stir up tensions in the South China Sea. Under the pretext of "freedom of navigation," they frequently provoke disputes in the South China Sea and sow discord at various international forums. China and ASEAN countries must overcome interference to push forward negotiations on the Code of Conduct in the South China Sea, striving to reach an agreement as soon as possible on regional rules that comply with international law, meet the needs of all parties, and are more substantive, practical, and effective.

The failure to finalize the Code of Conduct in the South China Sea, coupled with the instigation by the United States and other external forces, has hindered the development of mutual trust among relevant countries. Heightened suspicion over each other's actions has significantly complicated efforts to advance cooperation in the South China Sea.

China has enforced a summer fishing moratorium in the South China Sea north of 12 degrees latitude since 1999 to ensure the sustainability of fishery resources. However, this policy, intended to safeguard the marine ecological environment of the South China Sea, has not garnered support from neighboring countries. On the contrary, certain nations have seized the opportunity to expand fishing and other maritime activities in the region. Following the 2024 moratorium, the Philippine Department of Foreign Affairs issued a statement condemning China's fishing ban, claiming it "violates Philippine sovereignty and maritime rights" and "harms the interests of Filipino fishermen."[①]

After the disappearance of Malaysia Airlines Flight MH370 in 2014, many countries dispatched naval and air forces to the waters where the flight lost contact to participate in the search and rescue operation. However, territorial disputes in the region complicated multinational search efforts, as Malaysia and Vietnam's overlapping jurisdictional claims created difficulties for coordinating the multinational search and rescue forces.[②]

According to Yan Yan, director of the Research Center of Oceans Law and Policy at the National Institute for the South China Sea Studies, geopolitical competition and territorial disputes have directly hindered maritime cooperation in the South China Sea. The situation in the South China Sea is becoming increasingly complex and multifaceted, with recurrent maritime conflicts and disputes. Parties to the regional disputes continue to face challenges in establishing deeper mutual trust, which has hampered the advancement and consolidation of various cooperative projects and institutional mechanisms. Certain extra-regional countries keep hyping up the South China Sea issue, fabricating and trumpeting the false narrative of "China threat in the South China Sea," and instigate disputes and create frictions among claimant states, leading to continuous turbulence in the South China Sea and disrupting the favorable atmosphere for maritime cooperation among regional countries.[③]

Conclusion

As the tide of the times surges forward with unstoppable momentum, the shifting winds in the South China Sea offer a fleeting glimpse of the global changes of a magnitude not seen in a century. In pursuit of its hegemonic ambitions, the United States seeks to turn the South China Sea into a "chessboard" to contain China, disrupting the prevailing trend toward regional peace and stability. Such

---

① https://world.huanqiu.com/article/4IlAPagm0pq

② Xinhua News Agency, "The Difficult Search and Rescue: Several Questions About the Search for Malaysia Airlines Flight 370."

③ https://www.nanhai.org.cn/review_c/808.htm

misconducts, swimming against the historical tide, run counter to the aspirations of regional countries and the global community for peace, development, and cooperation, are doomed to fail.

The South China Sea issue should not, and must not, be the primary factor in defining relations among regional countries.

At this historical crossroads, the crucial decision facing regional states is whether to pursue short-term gains by acting as strategic pawns for U.S.-led extra-regional powers, at the risk of eventual abandonment, or to engage in negotiation to manage disputes and strive for common development. We are confident that the nations of the region will make the right choice. Numerous facts demonstrate that maintaining regional peace and stability, as well as achieving prosperity for all countries, are the shared aspirations of Asia-Pacific nations.

As the world faces increasing uncertainty and challenges, recognizing the U.S.-led Western maneuvers of instigation, coercion, and division over the South China Sea not only deepens understanding of American hegemony, rooted in dominance and the deliberate fostering of instability, but also strengthens the resolve of all peace-loving and development-oriented peoples across Asia and beyond to unite in building a better world together.

Making the South China Sea a Sea of Peace, Friendship and Cooperation: China' s Actions

Preface

The vast South China Sea extends endlessly, its azure waves stretching to the horizon.

At Qionghai's ancient Tanmen fishing port, visitors flock to the China (Hainan) Museum of the South China Sea. The "Deep Blue Treasures" exhibition features archaeological discoveries from two shipwrecks found on the South China Sea's Northwestern Continental Slope—artifacts preserved for over 500 years at depths of more than 1,500 meters.

These deep-sea treasures bear witness to the magnificence of the ancient Maritime Silk Road and showcase China's enduring tradition of friendly exchange and mutual cooperation with nations bordering the South China Sea.

Today, the South China Sea serves as a vital international waterway. Over 500,000 commercial vessels traverse its waters annually, approximately 40% of global trade goods flow through its waters and surrounding straits, and its airspace accommodates more than a million civilian aircraft movements.

As both a crucial maritime corridor and the common heritage of regional nations, the South China Sea confronts a fundamental question: How should we shape the future of these waters in the face of external forces attempting to sow discord?

In November 2021, President Xi Jinping attended and chaired the Special Summit to Commemorate the 30th Anniversary of ASEAN-China Dialogue Relations via video link, emphasizing that "Joint efforts are needed to safeguard stability in the South China Sea and make it a sea of peace, friendship and cooperation." These resolute words charted a clear path for safeguarding peace and promoting development in the South China Sea.

The region's fate is closely tied to the South China Sea's stability—when waters are calm, regional nations prosper; when turbulent, they suffer. Peace and stability in the South China Sea represent the shared aspiration of all regional countries, including China, and align with the collective interests of all parties involved.

China has proposed and actively implements a key initiative to transform the South China Sea into a sea of peace, friendship, and cooperation. This initiative provides strong support for regional peace, stability, and prosperity. It serves China's legitimate needs to protect its security and development interests while countering unfounded claims about Chinese "regional hegemony." The initiative also demonstrates China's commitment to its responsibilities as a major country.

China and ASEAN countries are pioneering new approaches to regional governance through collaborative efforts to maintain peace and stability. The Declaration on the Conduct of Parties in the South China Sea (DOC) has set fundamental principles and common codes for addressing regional issues. The Code of Conduct consultations have achieved notable progress, completing three readings of the text, marking a significant advance in managing regional disputes. Additionally, China and ASEAN countries have developed strong partnerships in maritime law enforcement, marine research, environmental protection, and disaster management.

Looking back to the past illuminates our path to the future. This report summarizes China's achievements and insights in transforming the South China Sea into a sea of peace, friendship, and cooperation. It also presents a vision for collectively expanding this initiative across broader domains, deeper levels, and higher standards.

Chapter One China's Efforts to Build the South China Sea into a Sea of Peace, Friendship and Cooperation

At the Special Summit to Commemorate the 30th Anniversary of China-ASEAN Dialogue Relations, President Xi Jinping stated explicitly that "Joint efforts are needed to safeguard stability in the South China Sea and make it a sea of peace, friendship and cooperation."

China's commitment to peace and stability in the South China Sea has deep historical roots. Six centuries ago, during the Ming Dynasty, Zheng He's "Seven Voyages to the Western Ocean" carried not weapons of destruction, inhumane colonization, or brutal plunder. Instead, he brought fine silk, exquisite porcelain, and tea—goods that enhanced people's daily lives.

Evidence demonstrates that China has always been a steadfast advocate, promoter, and guardian of stability in the South China Sea. China maintains that peace and stability in these waters depend on collaborative efforts between China and ASEAN countries. Through deepened trust and cooperation across political, economic, and cultural spheres, this partnership has created lasting mutual benefits. Consequently, China has emerged as a reliable force for maintaining regional peace and stability while promoting cooperation and development in the South China Sea.

I. Building Regional Peace Through Political Mutual Trust

Major achievements in establishing maritime rules and mechanisms

On September 13, 2024, China and ASEAN countries convened the 22nd Senior Officials' Meeting in Xi'an, Shaanxi Province, to implement the Declaration on the Conduct of Parties in the South China Sea (DOC). The parties pledged to fully implement the Declaration while enhancing cooperation in marine environmental protection, scientific research, search and rescue, and law enforcement. This represents steady progress in establishing rules and mechanisms for the South China Sea.

The Declaration stands as the first political document between China and ASEAN countries regarding the South China Sea, with China acting as its primary guardian. Since its adoption in 2002, the Declaration has been instrumental in maintaining regional peace and stability, reflecting the strong commitment to friendship, unity, and cooperation between China and ASEAN countries.

China consistently advocates for all parties to advance consultations on the "Code of Conduct in the South China Sea" while implementing the Declaration. China and ASEAN countries have advanced negotiations on the "Code" in recent years, agreeing to expedite discussions through flexible and innovative approaches. These negotiations have made substantial progress, with three readings of the document now completed.

Through the Joint Working Group, China and ASEAN countries hold regular consultations to establish maritime rules and mechanisms for implementing the Declaration. By 2024, they had held 40 working group meetings, making significant progress in maritime cooperation while strengthening peace, stability, and mutual trust in the South China Sea.

Innovative and widely accepted approaches to dispute resolution

Over the years, China has developed innovative solutions to South China Sea issues, fostering consensus toward building a sea of peace, friendship, and cooperation. In the 1980s, China introduced the principle of "shelving disputes and pursuing joint development." In 2014, China enhanced this approach with the "dual-track" framework.

The dual-track approach effectively addresses ASEAN and non-regional countries' concerns about peace and stability in the South China Sea while preventing disputes from escalating or becoming internationalized. Building on the earlier principle of shelving disputes and pursuing joint development, this framework marks a significant step by the Chinese government toward constructive resolution of South China Sea issues. Its core principle is straightforward: directly involved parties resolve specific disputes through friendly consultations, while China and ASEAN countries work together to maintain regional peace and stability.

In practice, China has consistently advocated for peace in the South China Sea through productive bilateral consultations with coastal nations, offering China's wisdom for peaceful resolution of disputes and advancing new peace-building initiatives.

In 2000, during a period of heightened geopolitical tensions, China and Vietnam successfully negotiated boundaries in the Beibu Gulf—a win-win arrangement that provided valuable insights for seeking common ground while reserving and managing South China Sea differences.

On November 9, 2024, the Joint Statement between the People's Republic of China and the Republic of Indonesia on Advancing Comprehensive Strategic Partnership and the China-Indonesia Community with a Shared Future reached consensus on joint development in areas with overlapping maritime claims. The agreement established an Inter-Governmental Joint Steering Committee operating under the principles of "mutual respect, equality, mutual benefit, flexibility, pragmatism, and consensus-building," pursuant to their respective prevailing laws and regulations. This exemplifies how coastal nations can advance maritime cooperation through goodwill while acknowledging territorial disputes.

A solid foundation for the China-ASEAN Community with a Shared Future

Building the South China Sea into a sea of peace, friendship, and cooperation stands as a key objective of China's South China Sea policy and is crucial for deepening the China-ASEAN comprehensive strategic partnership. China and ASEAN share longstanding friendly relations—close neighbors, friends, and partners connected by mountains and waters, bound by deep cultural ties. In recent years, China and ASEAN have strengthened their cooperation across political, economic, and cultural spheres, with the shared vision of building a community with a shared future.

In 2021, China and ASEAN formally inaugurated a comprehensive strategic partnership—a milestone that brought new momentum to regional and global peace, stability, and prosperity. In 2023, marking its 20th anniversary as the first ASEAN dialogue partner to join the Treaty of Amity and Cooperation in Southeast Asia, China pledged to advance cooperation in four priority areas outlined in the ASEAN Outlook on the Indo-Pacific (AOIP), enhancing regional trust and mutual benefit.

Actions demonstrate commitment and responsibility. Through concrete initiatives, China continues to collaborate with ASEAN in building a peaceful home, a safe and secure home, a prosperous home, a beautiful home, and a home of good will—providing steadfast support for the China-ASEAN Community with a Shared Future.

II. Economic Mutual Benefits Fostering Regional Prosperity

The China-ASEAN FTA brings long-term development momentum and regional common interests

Openness and cooperation conform to historical trends, while mutual benefit reflects shared human aspirations. Bilateral trade between China and ASEAN countries surged from 876.38 billion yuan in 2004 to 6.41 trillion yuan in 2023. This 20-year period showcases not just remarkable trade growth, but mutual benefit for common regional prosperity.

Experience has proven that cooperation creates win-win outcomes.

With their substantial markets of over 1.4 billion and 600 million people respectively, China and ASEAN's strengthened free trade cooperation generates stronger, more lasting development impetus for both parties. The China-ASEAN Free Trade Area has established China as ASEAN's largest trading partner for 15 consecutive years, while ASEAN has become China's largest trading partner for 4 consecutive years.

On October 10, 2024, leaders of China and the ten ASEAN countries announced the completion of negotiations for the China-ASEAN FTA 3.0, issuing the "Joint Statement on the Substantial Conclusion of the China-ASEAN FTA 3.0 Upgrade Negotiations." This milestone strengthens China-ASEAN economic and trade cooperation, advances China-ASEAN-led East Asian economic integration, and reaffirms both parties' dedication to free trade in an era of growing protectionism and "de-globalization."

The RCEP promotes regional trade prosperity and economic integration

The Regional Comprehensive Economic Partnership (RCEP)—the world's largest free trade agreement by population and economic scale—has yielded substantial benefits in its first three years. The agreement has reduced tariffs, simplified customs processes, and facilitated trade and investment. These changes have strengthened regional supply chains and ushered in a new era of high-quality economic development.

As RCEP's largest economy and leading advocate, China has maintained over 30% of its total foreign trade with RCEP members, reaching 12 trillion yuan from January to November 2024. China's non-financial direct investment in other RCEP members rose to $18.06 billion in 2023, showing a 26% year-on-year growth—14 percentage points higher than China's overall global investment increase.

As non-ASEAN RCEP chair in 2024, China worked to streamline new member admission procedures alongside the launch of RCEP support institutions. As RCEP's influence and appeal continue to grow, it has evolved into both a "new engine" for regional economic growth and a "new carrier" for economic integration, delivering tangible benefits to Asia-Pacific populations through enhanced trade prosperity.

Joint building of high-quality "21st Century Maritime Silk Road" deepens China-ASEAN relations

In the early 15th century, the renowned Ming Dynasty navigator Zheng He led seven historic ocean voyages, reaching Java, Sumatra, Kalimantan, and other territories—creating an enduring legacy of friendly exchanges between peoples.

In October 2013, during a state visit to Indonesia, Chinese President Xi Jinping delivered a landmark speech at the Indonesian parliament. He proposed jointly building the "21st Century Maritime Silk Road" with ASEAN countries and envisioned a closer China-ASEAN community with a shared future, charting the course for long-term bilateral development. In the decade that followed, the "Belt and Road" initiative flourished, highlighted by the completion of major infrastructure projects—the China-Laos Railway, Indonesia's Jakarta-Bandung High-speed Railway (HSR), and the "Two Countries, Twin Parks" developments between China and Indonesia and between China and Malaysia.

ASEAN countries are China's priority and important partners in advancing the "21st Century Maritime Silk Road." Over the past decade, this joint initiative has taken root and flourished throughout ASEAN nations. Through enhanced strategic alignment, China and ASEAN have fostered robust cooperation and achieved notable successes in trade, investment, connectivity, production capacity, green transformation, and digital economy, establishing a Southeast Asian model for high-quality Belt and Road development.

During the 31st China-ASEAN Senior Officials' Consultation on February 13, 2025, ASEAN countries commended China's modernization achievements and its role as a key driver of the global economy. They appreciated China's support for ASEAN's centrality and community building, highlighting how ASEAN-China cooperation sets a standard for regional partnership that benefits local populations. They pledged to deepen practical cooperation with China across sectors, strengthen both "hard" and "soft" connectivity, promote regional integration, combat transnational crimes such as online gambling and telecom fraud, and work together to maintain regional peace, stability, and prosperity.

III. People-to-People Connectivity for a Shared Future

Mutual assistance and the deep-rooted concept of amity, sincerity, mutual benefit, and inclusiveness

China and ASEAN countries share deep cultural bonds and intertwined destinies forged through centuries of friendly exchanges. Trade relationships stretch back over a millennium to the Tang Dynasty (618-907), when Chinese merchants actively traded throughout Southeast Asia. During the Ming Dynasty, Zheng He's maritime expeditions brought merchants and artisans to Southeast Asian shores. Many of these voyagers established permanent homes in the region and formed families with local residents, creating the unique and vibrant Peranakan culture.

In October 2023, cultural understanding and connection emerged as one of the five core priorities in the "Action Plan for Building a China-Laos Community with a Shared Future (2024-2028)." That same month, the "Joint Statement between the People's Republic of China and the Republic of Indonesia on Deepening Comprehensive Strategic Cooperation" laid out specific initiatives to strengthen people-to-people bonds through cultural exchange programs, expand tourism routes, and enhance collaboration in education and talent development.

In February 2025, on the occasion of the "Golden 50 Years of China-Thailand Friendship,"Thai Prime Minister Paetongtarn Shinawatra visited China and expressed Thailand's commitment to strengthening high-level exchanges, promoting cultural and people-to-people connections, and launching a new half-century of shared peace and prosperity for future generations.

The spirit of friendly exchange and mutual support is fundamental to South China Sea civilization. Throughout history, China and ASEAN have faced challenges together—from the Asian Financial Crisis to the Wenchuan Earthquake, from the Indian Ocean Tsunami to the COVID-19 pandemic—demonstrating unwavering mutual support during difficult times.

People-to-people exchanges serve not only as an enduring spiritual bond between China and ASEAN countries but also as a bridge spanning history, laying a solid foundation for both parties to move forward together into the future. Since the China-ASEAN Community with a Shared Future was established, bilateral cultural ties have flourished. This growth manifests in increased travel between nations, higher numbers of international students, thriving youth friendships, and productive local partnerships. The relationship deepens through expanded cooperation in tourism, education, culture, think tanks, media, sports, and women's affairs. As this sense of shared future takes root, the peoples of China and ASEAN continue to forge closer bonds.

Practical cooperation and growing public goods in the South China Sea

Through its deepening involvement in global ocean governance, China has expanded its provision of international maritime public goods. In the South China Sea region, China and regional countries work together through capacity-building initiatives to provide essential services to the international community, including navigation assistance, search and rescue operations, and sea conditions and weather forecasting.

The South China Sea contains some of the world's busiest maritime and air corridors, necessitating robust navigation safety infrastructure. This includes supply stations, rescue services, and emergency aircraft facilities and services. Since the establishment of the Yongshu Jiao Marine Observatory in 1988, China has steadily provided public goods, particularly ocean surface data services. Today, the South China Sea Regional Tsunami Warning Center serves nine countries in the region.

As cooperation in the South China Sea region deepens, the scope and variety of public goods continue to expand. Prior to the COVID-19 outbreak, China and ASEAN demonstrated this momentum through two consecutive joint maritime exercises. Their collaboration now spans multiple domains—including joint patrols between China and Vietnam in the Beibu Gulf, a joint coast guard committee (JCGC) on maritime cooperation between China and the Philippines, and partnerships in marine research, environmental protection, search and rescue, and fisheries. These initiatives have strengthened both ASEAN countries' trust in China and their confidence in peaceful dispute resolution in the South China Sea.

In October 2024, the First Institute of Oceanography (FIO) of the Ministry of Natural Resources of China and National Research and Innovation Agency of Indonesia (BRIN) completed a joint scientific expedition in Indonesian throughflow waters. As part of the Throughflow Indonesian Seas, Upwelling and Mixing Physics (TRIUMPH) international program, this key initiative examined water transport mechanisms, mixing processes, and upwelling phenomena along the Java coast. Since 2017, the collaboration has produced numerous joint observation voyages, bilateral personnel exchanges, training sessions, and academic publications, significantly advancing scientific knowledge in this field.

China's contributions to the South China Sea region go beyond tangible public goods to include conceptual and principled ones. Researchers note that crisis in international order arises from insufficient public goods. China's open, inclusive multilateralism—which does not target other countries—itself serves as an international public good.

Inclusive exchange, mutual learning, extensive consultation, and joint contribution for regional well-being

On February 10, 2025, China's National Immigration Administration (NIA) issued the "Announcement on Visa-Free Policy for Tourist Groups from ASEAN Countries to Xishuangbanna, Yunnan." The policy allows ASEAN tourist groups to enter Xishuangbanna visa-free through Gasa International Airport, Mohan Railway Port, and Mohan Highway Port. A week later, the first group of 15 tourists from Thailand and Laos became the first beneficiaries of this policy, receiving a traditional welcome at the China-Laos Railway Xishuangbanna Station with a water-sprinkling ceremony and vibrant Dai dance performances.

Openness and inclusiveness have been hallmarks of China's five-thousand-year civilization, just as diversity and inclusiveness define Southeast Asian nations and peoples. Since 2014, China and ASEAN have celebrated their partnership through themed years focusing on cultural exchange, education, tourism, innovation, and media collaboration. Their relationship has flourished, with people-to-people exchanges surging from 18.2 million visits in 2013 to 65 million before the COVID-19 pandemic. According to statistics from the Ministry of Foreign Affairs (MFA) of the People's Republic of China, all ten ASEAN countries have emerged as favorite destinations for Chinese travelers, with both regions now serving as primary sources of tourists for each other. By October 2024, the partnership had deepened further through 241 sister-city relationships between China and ASEAN.

Chapter Two China's 4C Principles in Building the South China Sea into a Sea of Peace, Friendship and Cooperation

As the largest coastal state in the South China Sea, China plays a vital role in maintaining regional peace and stability. This shared commitment to peace and stability serves as the greatest common ground between China and its neighboring countries in the South China Sea.

Throughout history, China has never sought to pursue "regional hegemony." China remains committed to managing differences with involved parties, exercising restraint in disputes, and working diligently with regional countries to build a rules-based maritime order in the South China Sea.

China's vision for transforming the South China Sea into a sea of peace, friendship, and cooperation rests on four core principles: Equal-footed CONSULTATION, Rule-based COMANAGEMENT, Mutually-beneficial COOPERATION, and a CONSTRUCTIVE role.

These 4C principles, developed and refined through practical experience, have withstood the test of time. The collaborative achievements between China and ASEAN countries clearly show that dialogue can overcome any obstacle, and cooperation can fulfill any aspiration.

I. Equal-footed CONSULTATION

Equality serves as the cornerstone of negotiation and consultation, which provides the path to resolving differences.

The Chinese government has consistently advocated that South China Sea disputes should be resolved through negotiation and consultation between directly concerned parties, emphasizing that peace and stability in the South China Sea must be jointly maintained by China and ASEAN countries.

On December 25, 2000, China and Vietnam signed agreements in Beijing on the delimitation of territorial seas, exclusive economic zones, and continental shelves in the Beibu Gulf, alongside a fishery cooperation agreement. These agreements, in effect since 2004, have established the foundation for China-Vietnam maritime cooperation and joint development in the Beibu Gulf waters, enabling effective operation of the joint development working group consultation mechanism.

While China and the Philippines have not held formal negotiations to resolve South China Sea disputes, they have engaged in multiple consultations on managing maritime disputes. The two nations have agreed to resolve disputes through negotiation and consultation, as formalized in several bilateral agreements. The 2002 Declaration on the Conduct of Parties in the South China Sea, signed by China and ASEAN countries, strengthened this commitment. In the August 1995 Joint Statement between the People's Republic of China and the Republic of the Philippines concerning Consultations on the South China Sea and on Other Areas of Cooperation, both sides declared that "disputes should be resolved by countries directly concerned" and that "a gradual and progressive process of cooperation shall be adopted with a view to eventually negotiating a settlement of the bilateral disputes." This understanding was later reinforced through additional bilateral documents, including the March 1999 Joint Press Release of the China-Philippines Experts Group Meeting on Confidence-Building Measures and the May 2000 Joint Statement on the Framework of Bilateral Cooperation in the Twenty-First Century between the Government of the People's Republic of China and the Government of the Republic of the Philippines.

In July 2016, the Foreign Ministers of China and ASEAN countries issued the "Joint Statement on the Full and Effective Implementation of the Declaration on the Conduct of Parties in the South China Sea," emphasizing that disputes should be resolved peacefully through negotiation and consultation between directly concerned sovereign states.

The People's Republic of China has signed boundary treaties with 12 of its 14 land neighbors through bilateral negotiations and consultations in a spirit of equality and mutual understanding, and about 90% of China's land boundaries have been delimited and demarcated.

In 2024, through joint efforts between China and ASEAN countries, the South China Sea has remained largely peaceful and stable. China and Indonesia have signed an intergovernmental consensus document on maritime joint development, while China and Malaysia have begun bilateral dialogue on maritime issues. China has now established comprehensive institutional dialogue with all South China Sea claimant states.

China has demonstrated sincerity and sustained efforts to resolve disputes through negotiation. Experience has shown that only through equal negotiations can parties achieve lasting dispute resolution, and fully and effectively implement their agreements.

II. Rule-based COMANAGEMENT

Before maritime disputes are resolved, concerned parties must exercise restraint and establish practical interim arrangements. These arrangements should include developing and strengthening rules and mechanisms to prevent disputes and conflicts from escalating.

Regarding the South China Sea issue, China firmly upholds international maritime law, especially the principles and rules of the United Nations Convention on the Law of the Sea (UNCLOS). Through concrete actions, China defends the authority and integrity of international maritime law. Based on an in-depth understanding of international practice and its own rich practice, China firmly believes that no matter what mechanism or means is chosen for settling disputes between any countries, the consent of states concerned should be the basis of that choice, and the will of sovereign states should not be violated.

In 2002, China and ASEAN countries signed the Declaration on the Conduct of Parties in the South China Sea. This milestone political document not only eased regional tensions but also established a political foundation and guarantee for dispute resolution.

Under the framework of the Declaration, China and ASEAN countries continue advancing consultations on the "Code of Conduct in the South China Sea." These discussions aim to establish mechanisms for conflict management at both bilateral and multilateral levels, explore joint development of fisheries and oil/gas resources, and create cooperation mechanisms among coastal states as outlined in the UNCLOS.

Even during periods of disagreement and unilateral actions, the Declaration remains the cornerstone for rebuilding consensus.

In September 2016, following the South China Sea arbitration ruling that July, the China-ASEAN Leaders' Meeting adopted two key documents: the "Guidelines for Hotline Communications among Senior Officials of the Ministries of Foreign Affairs of ASEAN Member States and China in Response to Maritime Emergencies" and the "Joint Statement on the Application of the Code for Unplanned Encounters at Sea (CUES) in the South China Sea." These agreements enhance maritime situation joint management and help prevent conflicts from both arising and escalating.

During the maritime conflict between China and the Philippines at Ren'ai Jiao in July 2024, both nations utilized the Declaration and other bilateral consultation mechanisms to address the situation. China has been engaged in consultations with the Philippines over the Ren'ai Jiao issue and has established temporary arrangements for humanitarian supply deliveries. Both sides have agreed to jointly manage maritime differences and work to reduce tensions in the South China Sea.

III. Mutually-beneficial COOPERATION

The South China Sea issue involves multiple countries and numerous reefs across vast maritime areas, making swift resolution improbable.

International law and practice demonstrate that parties can cooperate effectively under proper control mechanisms even while disputes persist. The strategy of "shelving differences and pursuing joint development" strengthens mutual political trust and creates favorable conditions for eventual dispute resolution. Such interim cooperation does not affect final boundary determinations.

China and ASEAN countries, sharing the South China Sea region, are natural maritime neighbors bound by geography and culture.

China has established practical cooperation with neighboring South China Sea countries in oil and gas development, fisheries management, marine environmental protection, and meteorological services. These partnerships create an environment that facilitates dispute resolution, removes differences, and promotes shared development while building valuable cooperative experience.

In March 2024, the research vessel "Tan Suo Yi Hao" (Exploration No.1), carrying the "Fen Dou Zhe" (Striver) full-ocean depth manned submersible, returned to Sanya, Hainan, after successfully completing the first China-Indonesia joint deep-sea scientific expedition to the Java Trench.

The expedition brought together 60 researchers from 11 institutions across both countries. These included the Institute of Deep-sea Science and Engineering of the Chinese Academy of Sciences (CAS), Indonesia National Research and Innovation

Agency's Research Center for Applied Microbiology and Fisheries Research Center, Haluoleo University (Universitas Haluoleo), Hang Tuah University (Universitas Hang Tuah), Shanghai Jiao Tong University, and Hainan Tropical Ocean University.

At the celebration ceremony during the vessel's stop at Tanjung Priok Port in Jakarta, Indonesia's then-Coordinating Minister for Maritime Affairs and Investment, Luhut Binsar Pandjaitan, highlighted the expedition's significance. He described it as a new chapter in maritime cooperation between the two countries and expressed hope for deeper scientific collaboration and the training of more Indonesian scientists and engineers.

Regional cooperation has advanced through multiple initiatives: the high-quality development of the Belt and Road Initiative, the joint promotion of the Regional Comprehensive Economic Partnership Agreement (RCEP), the creation of maritime emergency response systems including search and rescue hotlines and diplomatic channels, joint naval patrols, defense security consultations, and international ocean discovery programs.

The South China Sea showcases numerous examples of neighborly friendship and shared progress, though successful engagement depends on mutual effort and trust.

In March 2005, the national oil companies of China, the Philippines, and Vietnam signed "A Tripartite Agreement on the Joint Seismic Undertaking in the Agreed Area in the South China Sea." This three-year agreement outlined plans to conduct 2D and 3D seismic surveys across 143,000 square kilometers, reprocess existing 2D seismic survey data, and evaluate the region's oil resources.

However, when the Philippines withdrew from cooperation, the China-Philippines confidence-building measures working group meetings stalled, ending the trilateral marine seismic survey work.

China has proven itself a steadfast force in maintaining peace and stability in the South China Sea while promoting cooperation and development. The nation remains committed to strengthening friendly relations with neighboring countries and actively fostering practical cooperation with both neighboring nations and regional organizations like ASEAN to achieve mutual benefits and win-win outcomes.

IV. A CONSTRUCTIVE Role

"China firmly upholds its territory, sovereignty and maritime rights and interests in the South China Sea. Dialogue and consultation between the states concerned is always the best way to manage differences in the South China Sea. The United States should not get involved in bilateral disputes over the relevant islands and reefs of Nansha Qundao, nor should it aid or abet the impulsion to make provocations." Chinese President Xi Jinping made the remarks during his meeting with then-U.S. President Joe Biden on the sidelines of the 31st APEC Economic Leaders' Meeting in Lima, Peru on the afternoon of November 16, 2024.

The South China Sea serves as a crucial international maritime corridor, home to some of the world's busiest commercial shipping lanes. Regional peace and stability serve the common interests of both regional and external countries. The freedom of navigation and overflight in the South China Sea, as guaranteed under international law, stands as a fundamental consensus between China and other coastal states.

External powers, particularly including the United States, aim to maintain their privileged position in the South China Sea dating back to colonial and hegemonic times. Through alliance-building and meddling in regional disputes, they seek to preserve their maritime control for their own interests. In recent years, the United States, Japan, Australia, and the European Union have repeatedly invoked "freedom of navigation"—which amounts to unconstrained interference—making them "troublemakers" that disrupt peace and stability in the South China Sea.

Some countries' growing interference through military and diplomatic channels undermines regional stability. They work to strain relationships between regional countries and China, hampering joint efforts between China and ASEAN countries to maintain peace and stability. Their involvement encourages unilateral actions by other claimant states and diminishes opportunities for maritime cooperation.

On March 31, 2016, during the Fourth Nuclear Security Summit (NSS) in Washington, President Xi Jinping met with then-U.S. President Barack Obama and stated: "The Chinese side respects and safeguards the freedom of navigation and overflight entitled to all countries by the international laws, and meanwhile will never accept any action that impairs China's national sovereignty and security interests with the excuse of freedom of navigation. The Chinese side hopes the US side to keep its commitment of not taking sides in disputes regarding sovereignty and territory and to play a constructive role in safeguarding the peace and stability of the South China Sea."

The South China Sea's openness and freedom are evident in the numbers: annually, about 500,000 commercial vessels traverse these waters, approximately 40% of global trade goods pass through the South China Sea and its surrounding straits, and over a million civilian aircraft operate in the airspace above—making it one of the world's busiest maritime and air corridors.

This demonstrates that China's protection of its sovereignty over the South China Sea islands and maritime rights does not impede the freedom of navigation and overflight that foreign vessels and aircraft enjoy under international law.

In recent years, however, U.S. military reconnaissance activities in the South China Sea have become increasingly aggressive. U.S. forces regularly approach the Chinese mainland and its Hainan Island's airspace, conducting approximately 100 approaches annually—most within 30 nautical miles of the territorial baseline.

China consistently advocates for resolving differences through bilateral friendly consultations with relevant countries. External intervention only complicates matters. China and relevant countries have both the capability and confidence to properly handle their disputes and ensure long-term peace and stability in the South China Sea.

Chapter Three China's Willingness to Work with Regional Countries to Build a Maritime Community with a Shared Future in the South China Sea

"The blue planet humans inhabit is not divided into islands by the oceans, but is connected by the oceans to form a community with a shared future, where people of all countries share weal and woe." President Xi Jinping shared this vision of maritime community with shared future during a group meeting with the heads of foreign delegations invited to participate in the multinational naval events marking the 70th founding anniversary of the Chinese People's Liberation Army (PLA) Navy in Qingdao,Shandong Province, on April 23, 2019.

This vision reflects deep historical insight, philosophical wisdom, and global perspective. It illuminates the path and direction for global ocean governance while envisioning a future of maritime peace and prosperity.

In recent years, Western discourse has framed the South China Sea primarily through terms like "issues," "sovereignty disputes," and "freedom of navigation." However, historically, this region has been free of such conflicts—its civilization has consistently embodied principles of peace, harmony, cooperation, and mutual benefit. China and the coastal nations not only share immediate interests in peace, development, and common aspirations for a better future, but also draw strength from their shared historical civilization. Through dialogue, economic integration, and multilateral engagement, regional countries can transform the South China Sea into a true sea of peace, friendship, and cooperation by recognizing the importance of building a maritime community with a shared future.

A South China Sea that is peaceful, secure, prosperous, developing, open, inclusive, clean, and beautiful aligns with both the Five Principles of Peaceful Coexistence and the Bandung Spirit. This vision demonstrates how the concept of a maritime community with a shared future can be implemented in the South China Sea region.

I. Maintaining Peace and Stability in the South China Sea

This is a chronicle of peaceful and friendly exchanges between countries around the South China Sea that spans more than six centuries.

In 1417, three rulers of the ancient Saltanah Sulu of the Philippines—Paduka Pahala, Maharajah Kalamadhin, and Paduka Prabhu—led a diplomatic mission to Beijing. Their delegation of over 340 people, including family members and officials, journeyed across mountains and seas to meet the Yongle Emperor, who welcomed them with grand ceremony. During the return journey, Paduka Pahala fell ill and passed away in Dezhou, Shandong, where he was laid to rest. Several of his family members chose to remain as caretakers of his tomb, establishing roots in the area. To this day, their descendants continue to make their home in Dezhou and live ordinary lives there.

These historic bonds remain vibrant. In August 2023, the Philippine Ambassador to China Jaime FlorCruz paid homage at Paduka Pahala's tomb, where he wrote: "The spirit of the Sulu Sultan's historic visit to China 600 years ago lives on in our hearts! Long live China-Philippines friendship!"

Throughout the millennia of South China Sea civilization, the Sulu Sultan's visit stands as one testament to the enduring history of peaceful exchanges between China and its neighbors. The South China Sea narrative embodies the creation of a maritime community with a shared future—rooted in the peaceful aspirations of China and regional ancestors to build a better home together. Through centuries of transformation, one truth persists: a shared dedication to preserving peace and friendship.

History illuminates the present. In recent years, external forces have steered several of China's traditional friendly partners around the South China Sea into a "claimant states" impasse, transforming once-peaceful, cooperative and friendly waters into a "source of issues." Throughout history, peace and friendship have served as the foundation of collective memory among South China Sea nations and peoples. The region's stability can only be maintained through dialogue and cooperation between neighboring countries. External interference, conflict, and confrontation serve no one's interests.

President Xi Jinping's statement captures the essence of the South China Sea situation: "Nations should enhance mutual respect, equal treatment and mutual trust, strengthen maritime dialogue and exchanges, deepen practical naval cooperation, and pursue a mutually beneficial and win-win approach to maritime security. Nations should joint efforts to address common threats and challenges at sea, and safeguard maritime peace and tranquility."

Peace and stability in the South China Sea are crucial to the security and interests of surrounding countries, calling for collective protection and preservation. ASEAN countries predominantly favor dialogue-based solutions and oppose regional unrest. At the 37th Asia-Pacific Roundtable in June 2024, Malaysian Prime Minister Dato' Seri Anwar Bin Ibrahim stressed that South China Sea issues should be resolved between China and ASEAN countries, emphasizing that external interference would only complicate matters. That same month, at the 21st Shangri-La Dialogue, Indonesian President Prabowo Subianto asserted that true security comes from building friendly relations between neighboring countries, declaring that "cooperation is the only path to prosperity and harmony."

Safeguarding regional peace and ensuring common security form the foundation for maintaining peace and stability in the South China Sea. We must transform disputes into peace through a common, comprehensive, cooperative, and sustainable security approach. This requires strengthening dialogue and consultation, developing regional rules independently, and enhancing bilateral and multilateral dialogue mechanisms for policy consultation and connectivity among South China Sea nations. We must deepen bilateral consultations on fisheries, maritime law enforcement, oil and gas development, and other key issues. While standing firm against external interference, we should resolve differences peacefully. By prioritizing shared interests and addressing differences constructively, we can accelerate the completion of the "Code of Conduct in the South China Sea."

We must strengthen high-level exchanges among coastal countries, enhance strategic communication, and support each other on core interests and major concerns. This will reinforce our shared commitment to regional peace, stability, development, and prosperity. Through enhanced security cooperation and trust-building measures between military forces, we can continue our essential work in making the South China Sea a sea of peace.

II. Promoting South China Sea Cooperation and Development

The South China Sea has long served as a vital waterway for free navigation, trade, and cultural exchange, fostering development and prosperity throughout the region. As a semi-enclosed sea, it has nurtured continuous friendly exchanges and cooperation among coastal countries and peoples. The millennia of shared history among South China Sea coastal nations far outweigh the brief decades of disputes and sporadic conflicts.

Through the ages, Chinese mariners generously shared their shipbuilding and navigation expertise with local South China Sea communities, elevating maritime capabilities throughout the region. According to the 17th Century Siamese Diplomatic Archives, Chinese maritime workers played a pivotal role in advancing the shipping technology of Siam and its surrounding areas. Their mastery was so highly regarded that Chinese crews commanded all of the Siamese king's official vessels—both for domestic and international voyages.

Today, China and Thailand work closely together in marine resource development and preservation, disaster prevention and mitigation, and related fields. The China-

Thailand Joint Laboratory for Climate and Marine Ecosystem, launched in June 2013, stands as a model of international marine cooperation. The laboratory has cultivated bilateral scientific and technological collaboration through numerous projects, from Southeast Asian marine environment forecasting systems to coastal vulnerability studies, endangered species protection research, and marine spatial planning initiatives.

In this era of economic globalization, we should build bridges of communication instead of creating dividing chasms—paving smooth paths for cooperation rather than raising iron curtains of confrontation. Today, we must transform differences into cooperation, establish mutual benefit and win-win principles as shared values among South China Sea coastal countries, and ensure that all peoples in surrounding nations share in the fruits of development.

"At present, ocean-based cooperation in market, technology, information, culture, and other areas is steadily deepening. The reason for China to propose jointly building the 21st Century Maritime Silk Road is to facilitate maritime connectivity, pragmatic cooperation in various fields, and the development of the 'blue economy', as well as to promote the integration of maritime cultures and to improve maritime wellbeing." President Xi Jinping's words resound with vision and purpose.

We should focus on practical cooperation, accelerate economic recovery, and maintain the positive momentum of dialogue and cooperation in the South China Sea. We must transform differences into cooperation and promote high-quality sustainable marine development through the blue economy. Guided by the principle of harmonious coexistence between coastal peoples and marine ecosystems, we must expand practical cooperation and harness marine potential. China stands ready to share its marine development achievements and experience with coastal countries, foster closer blue partnerships, and jointly build a high-quality "21st Century Maritime Silk Road." China seeks to strengthen cooperation with ASEAN countries in marine ecology, fisheries, maritime search and rescue, anti-piracy, disaster prevention and mitigation, and navigation safety. This includes joint scientific exploration of the South China Sea and establishing joint law enforcement centers for low-sensitivity issues.

We should integrate the high-quality development of the "Belt and Road Initiative" and three major global initiatives with ASEAN community building. This integration will enhance trade and investment liberalization, improve trade facilitation, and promote shared development through the blue economy. We will accelerate our common development through regional free trade prosperity. Through building a closer China-ASEAN community with a shared future, we can fully realize the benefits of the Regional Comprehensive Economic Partnership Agreement (RCEP) and advance regional economic integration across multiple domains. This partnership will foster growth in trade, investment, maritime affairs, agriculture, connectivity, and climate change response. It will also drive progress in emerging fields such as artificial intelligence, digital economy, and green economy, thereby strengthening the economic foundation for peace and tranquility in the South China Sea.

III. Building the South China Sea into a Sea of Friendship

The diverse civilizations around the South China Sea have evolved from strangers to friends—a transformation built on growing trust.

Chinese history books reveal how trust developed in early trade between China and the Philippines. When Chinese merchant ships first arrived in Sulu, they cautiously announced their presence with drum signals before approaching land. Local inhabitants would paddle small boats filled with goods to trade on the Chinese vessels. As trust grew, both sides abandoned this careful ritual for direct docking, though they kept the practice of hosting one or two local residents aboard as temporary "guarantors." Years of steady trading fostered deep trust, bringing prosperity to the Sulu people. They welcomed Chinese merchants with increasing warmth and invited sailors to settle in their community. Eventually, some Chinese traders made Sulu their permanent home, becoming the area's first Chinese immigrants.

The bonds of trust built through peaceful and friendly exchanges among peoples around the South China Sea continue to this day. In April 2021, a Chinese fleet—consisting of Navy Ship 863, Nan Tuo 195, and the Chinese Academy of Sciences' "Tan Suo II" (Exploration II) research vessel—joined Indonesian rescue efforts for the submarine "KRI Nanggala-402." The Chinese team conducted thorough underwater operations to survey the wreckage and recover components, all of which were immediately handed over to Indonesia. This collaboration demonstrated the Chinese Navy's dedication to fostering a maritime community with a shared future, while deepening military trust and the comprehensive strategic partnership between the nations.

Suspicion hinders cooperation, while mutual trust serves as the cornerstone of peace. A lack of trust among South China Sea nations not only increases regional tensions but also obstructs regular exchanges and cooperation.

President Xi Jinping astutely observed: "The ocean is vast because it admits all rivers.Whenever a problem crops up, countries concerned should always hold deliberations in good faith, rather than resort to the use or threat of force at will."

We should strengthen exchanges and mutual learning, promote people-to-people connectivity, and continuously enhance the warm foundation of friendship in the South China Sea. To transform suspicion into mutual trust, we must leverage existing official dialogue mechanisms—such as the China-ASEAN Summit and bilateral consultation mechanisms on South China Sea issues. Through multi-track exchange platforms, broader cooperation channels, and stronger academic exchanges between Chinese and South China Sea countries' think tanks and research institutions, we can pursue joint regional research initiatives.

We must persistently strengthen cooperation across education, culture, tourism, sports, media, youth, and other fields. We can deepen understanding and friendship among peoples around the South China Sea through focused programs—including cultural exchange years, education exchange years, tourism cooperation years, innovation years, media exchange years, and sister city partnerships. These efforts will nurture harmony, prosperity, mutual respect, and understanding among the region's diverse civilizations, building a stronger foundation for making the South China Sea a sea of true friendship.

Peace, stability, and prosperity in the South China Sea yield tremendous benefits for both the region and its people.

Guided by Eastern wisdom, countries in the South China Sea region will transform these waters into a sea of peace, friendship, and cooperation—provided they maintain their commitment to dialogue, pursue win-win cooperation, and embrace mutual learning through exchange.

Conclusion

The South China Sea, shaped by millions of years of geological transformations—subduction, destruction, and rifting—gave birth to the new South China Sea basin. In the face of these vast waters, ancient peoples united to overcome migration challenges and forge brilliant civilizations.

Through the ages, as landscapes shifted and time flowed, the stories of land and sea intertwined. Rather than dividing nations and peoples, the South China Sea has served as a unifying bond. Tales of mutual support, shared hardships, and collective progress have endured through generations.

"Our exchanges are as frequent as those between relatives. We value friendship and credibility. We rejoice together in good times, and help each other out in hard times," said Chinese President Xi Jinping at the Special Summit to Commemorate the 30th Anniversary of ASEAN-China Dialogue Relations on November 22, 2021.

The momentum toward peace and stability in the South China Sea is unstoppable, as is the surge of regional unity and cooperation. True harmony flourishes through embracing differences. Peace, friendship, and cooperation form the foundation for addressing South China Sea issues among regional countries. These complex matters, involving multiple parties, require patience, inclusiveness, vision, and wisdom to resolve.

In addressing the South China Sea's complex and sensitive situation, China maintains its strategic focus on "taking the long view." It upholds diplomatic principles of amity, sincerity, mutual benefit, and inclusiveness toward its neighbors, working alongside regional countries as a guardian of maritime peace, a builder of order, a promoter of cooperation, and a contributor to development.

From economic partnerships to ecological stewardship, from dispute management to people-to-people bonds, the cooperation model pioneered by China and ASEAN countries enriches global ocean governance with Eastern wisdom. This demonstrates the inevitable progress of joint development. As institutional cooperation networks strengthen, a new South China Sea era emerges—one that transcends geopolitical rivalry and shares development's rewards.

Through China and ASEAN countries' unwavering efforts, peace and stability in the South China Sea will strengthen, while maritime dialogue and cooperation will advance sustainably, promising a brighter regional future.

The South China Sea stands as the shared homeland of China and ASEAN countries. These blue waters' rich history shows that when regional countries embrace their shared future, challenges become opportunities. We have the confidence, wisdom, and capability to guide South China Sea solutions. By adhering to sound principles and direction in addressing these issues, we will create a genuine sea of peace, friendship, and cooperation.